反思与重构

人民调解制度研究

FANSI YU CHONGGOU

RENMIN TIAOJIE ZHIDU YANJIU

彭芙蓉　冯学智／著

中国政法大学出版社

2013·北京

图书在版编目（ＣＩＰ）数据

反思与重构:人民调解制度研究/彭芙蓉,冯学智著. --北京:中国政法大学出版社,2013.4

ISBN 978-7-5620-4645-5

Ⅰ.①反… Ⅱ.①彭… ②冯… Ⅲ.①民事纠纷－调解（诉讼法）－研究－中国 Ⅳ.①D925.114.4

中国版本图书馆CIP数据核字(2013)第061693号

书　　名	反思与重构:人民调解制度研究
出版发行	中国政法大学出版社(北京市海淀区西土城路25号)
	北京 100088 信箱 8034 分箱　邮编 100088
	http://www.cuplpress.com（网络实名：中国政法大学出版社）
	58908325(发行部)　58908334(邮购部)
编辑统筹	综合编辑部　010-58908524　dh93@sina.com
承　　印	固安华明印刷厂
规　　格	880mm×1230mm　32 开本　7.375 印张　160 千字
版　　本	2013 年 4 月第 1 版　2013 年 4 月第 1 次印刷
书　　号	ISBN 978-7-5620-4645-5/D·4605
定　　价	29.00 元

前　言

　　人民调解制度是一项具有中国特色的纠纷解决制度，在社会生活、特别是在司法活动中发挥着重要作用，为社会和谐发展做出了突出贡献。然而在中国社会巨大变迁的背景下，人民调解却面临着正当性受到质疑、对其认识模糊和定位不准的问题，其民间性、自治性正在受到不同程度的消解。这既因制度本身的缺陷，也因体制方面的障碍，即人民调解制度是一种政府控制型调解，其基础性空间是由国家来推进的，民间调解制度本应有的内在活力不足。

　　所以，对于人民调解制度的研究不能囿于经验的宣传和细节的雕琢，理论上的深层剖析依然很重要。为了理性地定位人民调解在纠纷解决机制配置中与国家和社会的关系，建构现代社会中人民调解的形态与功能，本文通过对人民调解制度的概念、性质、功能和特征的论述及其历史的考察，对人民调解制度产生的机理进行分析，并通过对现状及其原因的评析，以寻求人民调解制度在适应中国城乡二元结构特殊国情下的完善与发展路径。全书共分为7章，第1章人民调解制度概述总结了人民调解的四个性质，分别是群众性、自治性、民主性、准司法性。探讨了人民调解的基本功能，即纠纷解决功能、政治功能、文化功能。并在此基础上，将人民调解和公力救济放在合意本位与强制本位、程序规范导向与程序便利导向、情节重视与法条重视、依靠社会力量与依靠国家力量等几组对立概念所构成的坐标上进行比较，进而探寻人民调解的特征所在。第2章对人民调解的历史进行梳理。从调解的历史渊源到人民调解初创、确立和发展等这几个前后相继的阶段，以及不同阶段的不同特点进行考察，为人民调解这一制度的产生机理的研究提供依据。第3章论述ADR制度的概念、产生和发展的基础和主要特征，总结了ADR未来的发展趋势，分别介绍了美国、英国、德国、日本、韩国的ADR制度发展概况，从中得出ADR模式对我国人民调解制度发展的启示：①运用经济杠杆促成调解的达成；②发挥民间规则与公序良俗在调解中的作用；③扩大人民调解的受案范围；④鼓励律师与退休法官参与人民调解。第4章通过对近年来人民调解制度所获得的成就总结人民调解制度新的发展，如新类型调解组织与形式的出现，人民调解范围的拓宽，新模式的探索等等。与此同时从立法上的缺陷和现实中的困境两方面分析人民调解所遇到的问题并对造成问题的原因进行剖析，为人民调解制度的进一步完善提供基础。第5章结合我国的国情，从体现理念的较为宏观的总体设想到更为详细可供操作的具体制度为人民调解提供合理的建构方案，主要从人民调解的适用范围、人民调解协议的效力、人民调解与其他纠纷解决方式的关系、提高人民调解素质、实现民间调解组织的整合、建立科学合理的评估标准和机制等方面尝试对人民调解在实践中所面临的主要问题进行回答，以探寻完善人民调解的具体措施。第6章基于二元结构的新变化引起了人民调解在城市与农村的需求差异：如调解组织的发展方向不同，对自治组织的依赖程度不同，以及对调解员的要求不同。提出人民调解在城市和农村不同的发展路径：在农村建立多元的纠纷解决机制和"三级联动"的调解组织网络以及提升人民调解员的素质；在城市则要实现人民调解的行业化、专业化和社区化。为了进一步延伸人民调解功能，不断发挥其在矛盾纠纷源头的预防、化解作用，国家及地方在探索建立以人民调解为基础，具有各地特色的多元化矛盾纠纷化解机制方面做了许多有益的尝试。第7章通过对"大调解"、"社会化"以及"社会法官"等不同工作模式的介绍，分析了人民调解纠纷解决新模式的合理性及缺陷。

作　者
2012 年 12 月

目 录

第一章　人民调解制度概述

　　人民调解制度是从人民群众自发实行的民间调解不断发展而来的一项具有中国特色的社会主义法律制度，是基层民主政治制度的重要组成部分，包括人民调解委员会的组成、调解委员的权利义务、人民调解的工作步骤和程序，以及调解协议的效力等与人民调解相关的法律规范。长期以来，人民调解制度在维护社会稳定，实现群众自治，加强社会主义法制建设等方面作出了突出贡献，被西方誉为"东方经验"、"东方一枝花"。

　　新时期，我国人民调解制度得到了不断的发展和完善，其主要特点有：①人民调解的法律定位不断提高。1982 年人民调解制度作为群众自治的基本制度载入宪法。同年颁布的《中华人民共和国民事诉讼法》（以下简称《民事诉讼法》）确立了人民调解制度与民事诉讼的关系。《人民法院组织法》、《居民委员会组织法》、《村民委员会组织法》、《继承法》等法律对人民调解都有明确规定。1989 年，国务院颁布《人民调解委员会组织条例》，以单行法规的形式对人民调解工作进行了规范。2002 年9 月，司法部颁布《人民调解工作若干规定》，进一步规范了人民调解的任务、工作原则、人民调解委员会和人民调解员的组成和职责、调解协议及履行等内容。2011 年 1 月 1 日施行的《人民调解法》在坚持人民调解的本质属性，注重保持和发挥人民调解特有作用的基础上，全面、系统、创造性地规范了人民调解的性质、任务、程序、效力、原则、组织形式、人民调解员的选任、人民调解的指导和保障等各个方面的问题，进一步丰富和发展了人民调解制度，以专门法的形式为人民调解工作提供了更有力的支持。②人民调解组织保障得到确认。《人民调解法》第 5 条规定："国务院司法行政部门负责指导全国的人民调解工作，县级以上地方人民政府司法行政部门负责指导本行政区域的人民调解工作。基层人民法院对人民调解委员会调解民间纠纷进行业务指导。"第 6 条规定："国家鼓励和支持人民调解工作。县级以上地方人民政府对人民调解工作所需经费应当给予必要的支持和保障，对有突出贡献的人民调解委员会和人民调解员按照国家规定给予表彰奖励。"从中可以看出，人民调解工作的指导单位为司法行政部，业务指导单位为基层人民法院，县级以上地方人民政府有义务对人民调解工作提供必要的物质保障和经费支持。③人民调解的工作领域进一步拓宽。根据《中华人民共和国宪法》（以下简称《宪法》）、《民事诉讼法》、《人民调解委员会组织条例》、《人民调解工作若干规定》等相关法律、法规、规章的规定，人民调解在调解民间纠纷，防止矛盾冲突激化的同时，还具有开展法制宣传和社会主义道德教育，积极推进基层民主法治建设等功能，极大地丰富和发展了我国人民调解制度。

第一章　人民调解制度概述 | 3

第一节　人民调解的含义

一、调解的含义

无论在古代社会，还是在现代社会，公力救济不可能解决所有的社会纠纷，因此各个时代的国家都在寻求诉讼外的纠纷解决方法。在解决纠纷的诸手段中调解是介于公力救济和私力救济之间的一种社会型纠纷解决方式。《现代汉语词典》将调解定义为"劝说双方消除纠纷"。《简明不列颠百科全书》解释为，"在双方冲突时，由第三方帮助减少分歧或寻求解决纠纷的方法"。[1]《美国法律辞典》的定义是，"第三方旨在促进争议的解决而进行的干预。"并进一步解释道："调解通常是非对立性的，用第三人来帮助当事人达成自愿的协议。调解不涉及诸如调查事实方面的问题。使当事人的不同主张得到协调是其目的。"[2]在《牛津法律大辞典》里，调解是"一种寻求雇主与雇员争议解决的程序。……为此目的建立机构或任命的个人，但他们仅仅是把当事人召集在一起以求影响他们，使争议获得解决"。英国学者戈尔丁把调解归类为"类法律式的解决纠纷"，所谓"类法律式的解决纠纷"是"必须区别于通过双方协商或谈判来解决纠纷，它总是包含第三者在内。"他认为，调解的目

---

〔1〕《简明不列颠百科全书》（第7卷），中国大百科全书出版社1986年版，第28页。

〔2〕［美］伦斯特洛姆著，贺卫方等译：《美国法律辞典》，中国政法大学出版社1998年版，第212页。

的是"通过对当事人权利、要求或利益之间进行调整或妥协来实现纠纷的解决"[1]。

通常认为，调解是指在第三人主持下，经过其排解疏导、说服教育当事人双方自愿妥协，合意解决纠纷的活动。

二、关于人民调解的界定

人民调解作为一项具有中国特色的化解矛盾、消除纠纷的非讼纠纷解决方式，在《人民调解法》正式颁布实施前，概念上并没有形成统一的说法。学界对人民调解的定义不尽相同，观点1："人民调解是从中国古代民间调解逐渐演变而来的，是中国共产党在陕甘宁边区时期创造发展起来的，由依法设立的基层群众性自治组织即人民调解委员会，依据一定标准，居中促成当事人协商达成和解的一种调解制度。"[2]这种观点侧重阐述人民调解的产生与发展，表明了人民调解的政治属性。观点2："人民调解在不同的场合有不同的含义：有时，人民调解是指一种群众性的社会活动，是指作为基层群众性组织的人民解委员会，依据一定标准居中教育，疏导纠纷当事人自愿达成和解协议的活动；有时，人民调解是指一种法律制度，是指运用说理、疏导的方式来排解民间纠纷的群众性自治制度，也是我国重要的排解民间纠纷的法律制度形式。"[3]此观点将人民调解分为动

---

〔1〕 [美]戈尔丁著，齐海滨译：《法律哲学》，三联书店1987年版，第100页。梁德超：《人民调解学》，山东人民出版社1999年版，第6页。

〔2〕 梁德超：《人民调解学》，山东人民出版社1999年版，第6页。

〔3〕 王红梅：《新编人民调解工作技巧》，中国政法大学出版社2006年版，第5页。

态与静态两个方面，前者着重行为，后者着重体制机制。观点3："人民调解是指由特定主体主持进行的以调解民间纠纷为内容的带有一定法律属性的行为。"[1]这一观点强调人民调解的法律属性。观点4："人民调解是我国特有的一种基层民间纠纷解决机制，即由人民调解组织主持的对民间纠纷进行的调解。"[2]这一观点重在强调人民调解的民间性。观点5："人民调解是指双方或多方当事人发生民事权益纠纷，在当事人申请或人民调解委员会主动参与和主持下，通过说服教育、沟通疏导、相互谅解，使争端纠纷得以解决的行为和活动。"[3]此观点是通过概括人民调解的主体、内容来阐释人民调解技术运作方式。

2011年1月1日施行的《人民调解法》将人民调解的定义在法律上首次予以明确，该法第2条规定："本法所称人民调解是指人民调解委员会通过说服、疏导等方法，促使当事人在平等协商基础上自愿达成调解协议，解决民间纠纷的活动。"该法第3条进一步规定人民调解委员会调解民间纠纷应当遵循下列原则："①在当事人自愿、平等的基础上进行调解；②不违背法律、法规和国家政策；③尊重当事人的权利，不得因调解而阻止当事人依法通过仲裁、行政、司法等途径维护自己的权利。"同时，第7条规定："人民调解委员会是依法设

---

〔1〕　刘江：《人民调解法治新论》，中国政法大学出版社2009年版，第1页。

〔2〕　范愉、李浩：《纠纷解决——理论、制度与技能》，清华大学出版社2010年版，第169页。

〔3〕　高洪宾：《民事调解的理论与实务研究》，人民法院出版社2006年版，第16页。

立的调解民间纠纷的群众性组织。"由此不难看出：其一，人民调解工作的主体是人民调解委员会，矛盾纠纷是在人民调解委员会主持下，由人民调解员进行纠纷调处；其二，人民调解的依据是只要不违背法律、法规和国家政策即可，也就是说为人民群众所普遍接受的社会公德、道德准则、村规民约、公序良俗、行业惯例等在不违背现行法律、法规和国家政策的情况下都可以作为人民调解委员会纠纷调处的依据，充分体现了人民调解机动灵活、简便易行、不伤和气的特点，较之过去相关规定和司法解释要求人民调解依据法律、法规、规章、政策和社会主义道德进行调解的刚性规定有了显著的进步；其三，人民调解是人民调解员通过积极地在矛盾双方当事人之间说服、疏导、帮助交换意见等，提出解决纠纷的建议，引导、促使纠纷当事人互相谅解、平等协商，自愿达成协议，消除纷争的一种自治活动。

第二节　人民调解的性质

按照我国《宪法》、《人民调解法》、《民事诉讼法》、《人民调解委员会组织条例》和《人民调解工作若干规定》等对人民调解各项制度的规定，人民调解和法院调解、行政调解一样，都属于我国的法定制度，具有相类似的法律特征，即调解都是根据双方当事人合意进行，调解都由中立的第三方主持，调解都不得违法等，但同时人民调解与行政调解、司法调解在调解主体、调解人员地位、调解对象、调解协议法律效力等方面有

显著区别,[1]具有其独有的性质:

1. 群众性。《人民调解法》第7条规定:"人民调解委员会是依法设立的调解民间纠纷的群众性组织。"这里的"群众性"主要体现在以下几个方面:①人民调解产生与发展的政治背景是社会主义国家人民民主专政;②不同于行政机关和审判机关,人民调解委员会既没有行政决定权也没有司法裁判权,属于群众性组织;③人民调解员来源于人民群众,是经人民群众选举产生,由群众信得过的、热心为群众服务、有政策法律知识的人担任;④调解的纠纷为民间矛盾,系人民内部矛盾;⑤调解的依据是国家的法律、法规、政策、社会主义公德和公序良俗等;⑥调解的宗旨是为人民群众排忧解难;⑦调解的目的是平息人民群众之间的纷争,增强人民内部团结,维护社会稳定。

2. 自治性。所谓自治,根据《布莱克维尔政治学百科全书》的解释是指某个人或集体管理其自身事务,并且单独对其行为和命运负责的一种状态。[2]人民调解的自治性首先体现为人民调解组织的自治性,因为人民调解组织是建立在群众自我管理、自我教育、自我服务基础之上的群众性自治组织。[3]首先,从人民调解委员会性质来看,人民调解委员会作为解决纠纷的群众性自治组织,对于纠纷的解决采取的是自治主体即群众相互之间的自我管理、自我约束的方式,而不是行政或司法的手段,这也是人民调解与诉讼、行政和仲裁调解相区别的独

---

[1] 中华全国人民调解员协会编:《人民调解员实用工作手册》,法律出版社2010年版,第14~15页。

[2] 田芳:《地方自治法律制度研究》,法律出版社2008年版,第10~11页。

[3] 夏杰:《人民调解制度研究》,河北大学2010年硕士学位论文。

特之处。人民调解委员会无权对纠纷当事人的财产或人身采取任何强制措施，也无权强迫任何一方当事人接受调解的方式。调解协议本身也不具有直接的强制执行的效力。我国《宪法》第 111 条明确规定："城市和农村按居民居住地区设立的居民委员会或者村民委员会是基层群众性自治组织。居民委员会、村民委员会的主任、副主任和委员由居民选举。居民委员会、村民委员会同基层政权的相互关系由法律规定。居民委员会、村民委员会设人民调解、治安保卫、公共卫生等委员会，办理本居住地区的公共事务和公益事业，调解民间纠纷，协助维护社会治安，并且向人民政府反映群众的意见、要求和提出建议。"根据这一规定，居民委员会和村民委员会是基层群众性自治组织，人民调解委员会作为其组成部分，其性质当然也是基层群众性自治组织。其次，从人民调解的工作原则来看，人民调解在不违背法律、法规和国家政策的情况下，坚持平等自愿的原则，不强行调解，不干涉当事人的诉讼权利，如果一方当事人不愿接受调解，调解就自行终止。最后，从人民调解协议的执行来看，其调解协议内容的实现主要依靠当事人的自觉履行、群众组织的督促和舆论的压力。[1]

人民调解的自治性也是人民调解区别于诉讼以及其他非诉讼纠纷解决方式的特征所在。虽然随着社会转型所带来的深刻转变，人民调解在实践中也发生了很大的变化，出现了专业性的人民调解委员会、行业性人民调解委员会等新的人民调解组

---

〔1〕 李莉：《论人民调解制度的发展与完善》，中国政法大学 2006 年硕士学位论文。

织形式，新出台的《人民调解法》也规定乡镇、街道以及社会团体或者其他组织根据需要也可以设立相应的人民调解组织。这些新型调解组织的出现似乎突破了人民调解自治组织的范围，但事实上这些新型的调解组织的产生只是人民调解委员会的基本形式的扩展，通过制度设计也可以包含在自治的框架内。所以人民调解组织的性质依然是群众性自治组织。

3. 民主性。根据《人民调解法》，只要不违背法律、法规和国家政策，人民调解的依据可以是除法律、法规和国家政策以外的村规民约、公序良俗和为群众所普遍认可遵守的道德准则。人民调解坚持平等自愿的原则，不强行调解，只有在纠纷双方当事人都同意的情况下，方可进行调解。调解过程建立在当事人双方自愿的基础上，而不是用他人的意志强加于人。调解的开始与终结始终基于当事人的意愿，只要有一方当事人不愿意调解，人民调解即告终止。调解过程中，调解员更多地是采取情理说教的方法，动之以情，晓之以理，说明冲突利害关系，传达、表述纠纷双方当事人的意思表示，只要当事人形成调解的合意，便可达成调解。

4. 准司法性。不同于群众自发进行的协商与和解，人民调解是在依法设立的人民调解委员会的主持下进行的活动。作为诉讼外的民间纠纷解决机制，人民调解的工作纪律、组织形式、工作方式等均由《人民调解法》以及其他的相关法律法规予以规范。人民调解协议具有法律效力，经法院确认或特定纠纷中经公证机关公证后具有强制执行力。人民调解委员会接受人民法院和司法行政部门的指导。

第三节　人民调解的功能

19 世纪英国社会理论家斯宾塞最早提出功能分析的概念，他认为，社会很像一个生物有机体，而这个社会已经演化到相当的程度，其每一个组成"器官"都对社会的生存和维持发挥着正面的作用。法国社会学家迪尔凯姆则是最早系统地建构"功能"这一概念的学者，他认为"确定事物的功能对于完整地解释社会现象是必要的"，"事物的效用虽然不是事物生存的原因，但是，一般说来，事物要能够生存，必须有存在的效用。"[1]作为一项社会制度，它的"功能"就是这个制度与社会有机体的要求相合拍。[2]从功能主义的角度考查"调解"可以理解为这项制度作为社会有机体的一部分与其要求相适应而对社会这一整体的贡献。

人民调解制度作为源于基层社会的民间性纠纷解决机制，体现了社会自治理念和多元价值观对于当代社会纠纷解决的深刻影响，人民调解制度在直接发挥纠纷解决功能的同时还承载着维系社会和共同体的凝聚力与自治、维护道德秩序、改善人际关系等社会功能，并蕴含着基层民主生成的契机和条件。[3]人民调解的具体功能很多，但大多都是从纠纷解决、政治治理

---

〔1〕 于海：《西方社会思想史》，复旦大学出版社 2005 年版，第 260 页。
〔2〕 ［法］迪尔凯姆著，胡伟译：《社会学方法的规则》，华夏出版社 1999 年版，第 77 页。
〔3〕 范愉：《非诉讼程序（ADR）教程》，中国人民大学出版社 2002 年版，第 56 页。

和文化传统这几个不同的角度进行阐释，通过对其类型化的概括，可以将其大体上分为社会治理和政治功能、传承文化、道德功能和社会组织（自治）功能以及纠纷解决功能[1]，即政治功能、文化功能和纠纷解决功能。这三项功能不可分割地并存于人民调解制度及其实践中。

首先，纠纷解决功能和政治功能就制度设计而言是其题中应有之意，文化功能虽然不在设计范围之内，但由于人民调解不仅以法律和政策为依据，还将情理、公共道德和习俗应用到纠纷的调解中，这些社会规范的适用在调解过程中发挥传承传统文化的功能。因此这三种功能事实上是不可分割地并存于人民调解的实践中。其次，人民调解组织结构的定位也决定了这是一个发挥多元作用的组织——一方面，它是基层自治组织的组成部分；另一方面，它也是非正式司法的一环。作为基层的自治组织，在实现自我管理的同时不可避免地需要承担一些政治功能，从某种意义上说甚至代表国家对基层民众进行组织、教育和管理，再加上这项制度的基础性空间是靠国家来推动，所以人民调解不可避免地体现自治组织甚至国家的意志。"从调解的历史地位看，应该说其意义远远超过了单纯的纠纷解决机制的范围，具有强大的政治和社会功效，在中国法制的现代化进程中具有不可低估的作用。"[2]特别是在革命年代，人民调解包含多种政治因素，承载有多种政治功能。陆思礼曾在《毛泽

---

〔1〕　范愉：《纠纷解决的理论和实践》，清华大学出版社2007年版，第470～472页。

〔2〕　范愉：《非诉讼纠纷解决机制》，中国人民大学出版社2000年版，第80页。

东与调解：共产主义中国的政治和纠纷解决》中指出，"中国的调解还承担另外三种有时超越纠纷解决的可识别的功能：第一，它有助于传达和适用意识形态原则、价值观和共产党的规划，有助于动员中国人民更加信奉党的政策和目标；第二，它有助于压制而不是解决个人间的纠纷……第三，它是国家和党实施其他控制手段的补充"。政治功能的地位可见一斑。

然而政治功能过度强化，解纷功能就会弱化，这也将扭曲人民调解解决纠纷的本质，造成人民调解制度的衰落。因为人民调解的核心在于调解，需要体现的是当事人的合意，这样的组织构架在具体的情境中难免会发生功能的冲突，甚至发生功能的错位。所以必须重申，解纷功能是人民调解制度的首要功能，纠纷解决的功能如果不能实现，则人民调解的政治功能和文化功能就如无源之水，没有了存在的基础。人民调解制度只有坚持民间性解纷功能的基本定位，才有其发展与运行空间，更好的发挥"社会第一道防线"的作用。

第四节　人民调解的特征

作为一种自治的纠纷解决方式，对于人民调解的特征的阐释将通过与公力救济的纠纷解决方式相比较而进行。"合意本位与强制本位，当事人主义与职权主义，程序规范导向与实体规范导向，手续简便化与手续严格化，情节重视与法条重视，常识偏向与专业偏向。任何一种关于纠纷处理的制度或理论都可以在由这些对立概念构成的坐标上定位和比较。同时，这些基本要素的高低错落、浓淡轻重的排列也可以产生出新的理论模式。"〔1〕本文将以此作为一个基础的分析框架，将人民调解和公力救济放在合意本位与强制本位、程序规范导向与程序便利导向、情节重视与法条重视、依靠社会力量与依靠国家力量等几组对立概念所构成的坐标上进行比较，进而探寻人民调解的特征所在。

一、合意本位与强制本位

人民调解与公力救济最本质的区别就在于其合意本位与公力救济强制本位的区别，合意是人民调解合法性和正当性的基础。人民调解的价值就在于双方当事人合意的达成，无论是这一纠纷解决方式的启用还是对纠纷处理结果的认可都需要当事人的一致同意，否则也就失去了调解的意义。与此不同的是，在公力救济的过程中并不需要双方当事人的同意，只需要一方的请求就可以启动公力救济程序，并且最终的处理结果本身就具有强制性，并不需要获得当事人的合意。

二、程序便利导向与程序规范导向

人民调解的程序便利导向与公力救济的程序规范导向的差异是建立在其合意本位与强制本位相区别的基础上。由于公力救济程序启动的单方性与处理结果的强制性，为了保证当事人所必须接受的处理结果具有正当性而不得不采用严格而繁琐的程序，用程序的正义来保障实体正义的实现，而这种程序往往

---

〔1〕　季卫东："当事人在法院内外的地位和作用"，载〔日〕棚濑孝雄著，王亚新译：《纠纷的解决与审判制度》，中国政法大学出版社2004年版。

是以法律的强制性规定的方式而存在。人民调解的正当性建立在合意基础上，双方合意所达成的结果只要不违反法律法规的强制性的规定，原则上都具有正当性。所以对于人民调解的程序，法律并无强制性的规定，而把更多的选择空间留给了纠纷的各方当事人。

三、情节重视与法条重视

人民调解的情节重视与公力救济的法条重视的差别其本原依然是来自合意本位与强制本位的不同。公力救济的强制本位除了需要从程序上寻求处理结果的正当性证明以外，还必须从实体上保证这样一种具有强制力的处理结果不是法官的恣意行为。尽管在纠纷的处理中法官具有一定的自由裁量权，法律条文的严格适用依然是纠纷解决的主导。相比较而言，人民调解解决纠纷的依据具有多元性，除法律规范以外，公共道德、地方风俗习惯等社会规范也是解决纠纷的标准。对于事实的认定也更加注重纠纷的情节，追求的是社会中客观真实的事实，而不是按法律规范进行剪裁的技术上的事实，从而更加灵活有效地解决实际问题。正如法国社会学家科特维尔对调解所描述的那样：首先，在调解中双方通常选择一个彼此都能接受的第三方；其次，第三方并不试图运用现有的法律规范来解决双方的冲突，而是针对冲突双方提出的观点和要求策划一种妥协与和解的办法；再次，调解人力求提出明智的、冲突双方都能接受的解决冲突的建议，避免双方中任何一方认为这一建议是错误的，并使双方都对结果感到满意；[1]最后，依靠社会力量与依靠国家力量的不同虽然不在棚濑孝雄所提到的纠纷解决的分析框架之内，但这却是人民调解作为一种自治的纠纷解决机制与公力救济的又一个关键性的区别点。公力救济是一种以国家和法律为中心的社会控制模式，甚至在刑事案件中直接由国家这样的中心化组织进行调查和提出控告。[2]人民调解虽然是由国家宪法和法律所确定的正式的纠纷解决制度，但是依靠的不是国家的公权力，调解纠纷的主体是自治组织而非官方工作人员，这项制度是在自愿和合意的基础上运行，是公民参与并把纠纷交与社会解决的一种重要形式。

从以上几组对立概念的比较中可以看到人民调解作为一种纠纷解决机制的基本特征——合意本位、程序便利导向、情节重视和纠纷依靠社会力量来解决。当然，这些特征并不是绝对的，由于不同历史时期的社会背景不同，其中的基本要素的排列关系会有一些错落高低的变化，但是合意本位的导向不能改变，这是人民调解制度存在的意义。

第五节　人民调解与相关的纠纷解决方式

人民调解作为一种解决纠纷的手段或方法，与其他纠纷解决方式相比有独特之处。通过对它们进行比较，有助于全面深刻地理解人民调解制度。我国法学界有很多学者将民事纠纷解

---

〔1〕　〔英〕科特维尔著，潘大松译：《法律社会学导论》，华夏出版社1989年版，第239页。

〔2〕　徐昕：《论私力救济》，中国政法大学出版社2005年版，第109页。

决机制划分为三大类，即"自力救济"、"公力救济"和"社会救济"，和解是典型的自力救济，民事诉讼属于公力救济，而调解和仲裁则属于最具代表性的社会救济。

一、人民调解与诉讼

当前需要加强的就是人民调解与诉讼的衔接。二者具有不同的特点：人民调解以当事人的合意为基础，强调当事人自愿，而诉讼以裁判为基础，体现国家司法权；调解以实质正义为价值取向，注重合意协调，体现利益权衡，而诉讼追求形式正义，有很强的对抗性，注重权利保护；调解程序方便灵活，诉讼程序具有严格化、规范化的特点；在适用规范依据方面，调解不仅适用法律规范，还可以适用社会习惯、道德伦理等规范，法院诉讼中只能严格适用法律规范；在启动方式上，人民调解可以依据申请进行调解，也可以主动进行调解，而诉讼实行"不告不理"的被动方式。处于基层的人民调解委员会由于更接近民众、贴近生活，在处理一些特别是家庭、邻里纠纷时，相对于法院诉讼更有优势。

二、人民调解与仲裁、信访

人民调解与仲裁都是诉讼外的纠纷解决机制。相对诉讼来说，两者的程序都简便灵活，还具有良好的保密性。但是两者也有不同之处：一是是否具有对抗性。"如果当事人同意调解，他们希望在作为调解人的第三人的积极协助下友好地解决他们之间的争议，或者他们至少希望能够友好的解决争议；然而，如果他们同意仲裁，那么他们就采取相反的态度，要求对他们之间的争议做出裁决，尽管此项裁决是由他们自己选择的私人裁判员而不是由国家指定的法官做出的。因此，仲裁比调解更加接近于法院的诉讼程序。"[1] 也就是说，仲裁程序具有较强的对抗性。二是程序启动方式不同。只有当事人签订仲裁协议并且申请才能启动仲裁程序。三是主持程序者任务不同。调解员在人民调解中作用是促成当事人形成合意，达成人民调解协议，仲裁员在仲裁中掌握着纠纷解决权，依据认定的法律事实独立的做出仲裁裁决。另外，人民调解协议签订后当事人可以申请法院强制执行，也可以通过其他途径解决纠纷，而仲裁具有终局性，胜方有向法院申请强制执行的权利，而不能再起诉。

信访在性质上是官方性质的纠纷解决手段，具有事后救济和事前预防性；而人民调解是民间性纠纷解决手段，一般不具有事后救济性。二者的主体不同，处理信访的主体是政府，包括"行政机关、各级人大常委会、法院或检察院"，而人民调解的主体是人民调解委员会。信访制度严格地说并不是一种特定的纠纷解决程序，然而，从实践中的作用和效果看来，信访制度确在我国的纠纷解决中具有不可替代的重要地位。

三、人民调解与其他几种调解

我国现行调解制度体系主要由法院调解、人民调解和行政调解三大调解制度为主体构成。虽然这几种调解制度有着共同的特点，但由于调解机构、调解效力及调解人员的身份及社会

---

[1] [英] 施米托夫著，赵秀文译：《国际贸易法文选》，中国大百科全书出版社1993年版，第663页。

背景的不同，人民调解与其他两种调解方式还是具有较大差异的，人民调解是其中合意性最强、决定性最弱的纠纷解决方式，它反映了社会主体自觉消除自身冲突的过程，是国家纠纷解决权社会化的一种体现。它在化解民间纠纷、反映社情民意等方面发挥着不可替代的作用。

（一）人民调解与法院调解

1. 法院调解的基本理论。法院调解，也称为"司法调解"、"民事诉讼调解"，是指各级人民法院在审理民商事案件过程中，由审判人员主持并对争议案件的当事人依法进行说理、引导和规劝，从而使当事人在平等协商的基础上自愿达成调解协议解决纠纷的一种审理和结案方式。我国法院运用调解方式来审理民事纠纷案件最早可以追溯到 20 世纪 40 年代。1949 年新中国成立以后，被称为"马锡五审判方式"的一项诉讼制度成为当时民事审判工作的基本指南并得到大力推行，由此，民事诉讼调解开始正式成为了一项重要的司法原则和审判模式。新中国成立以来，我国诉讼调解大致经过以下的演变过程：调解为主阶段（1949~1981 年）——着重调解阶段（1982~1990 年）——自愿调解阶段（1991~2003 年）——调判结合、调解优先阶段（2004 年以来）。[1]

关于法院调解制度的性质，我国民事诉讼法学界主要有三种观点：第一种观点认为，它是法院对民事案件行使审判权的一种诉讼活动；第二种观点认为，法院调解尽管在法院主持下

────────────

〔1〕 佟季："新中国成立 60 年人民法院诉讼调解情况分析——马锡五审判方式在我国的当代司法价值"，载《人民司法·应用》2010 年第 7 期。

进行，但它不同于法院运用审判权以判决方式解决争议的活动，它本质上是当事人在法院的指导下自律地解决纠纷的活动；第三种观点认为，它是法院对民事案件行使审判权和当事人对自己的民事诉讼权利和民事权利行使处分权的结合。[1]从我国法院调解制度的现实情况来看，我国现阶段司法实践中采纳的是第三种观点。主要表现在：其一，无论从当事人是否采纳法院调解解决矛盾纠纷的角度，还是从最后调解协议能否达成的角度，法院调解都强调了一种当事人的自愿。双方是否形成合意协议体现了当事人对自己民事私权利的行使。并且，在民事诉讼过程中能够适用法院调解的情况下，当事人随时可以进行，强调了程序选择的自由性，反映出法院调解过程中当事人对自己民事诉讼权利和民事权利行使的自由处分权。其二，双方合意的形成要在法院审判人员的主持下依法进行，审判人员起到主导程序运行的作用，体现了一种公权力对私权利的指引。其三，经过法院调解达成协议并生效的，产生与判决相同的法律效力，具有强制力。这也是法院调解中法院行使审判权最重要的表现形式。总之，从我国法院调解的现状来看，法院调解的性质处于一种法院审判权与私权协议相融合的状态。[2]根据在民事诉讼过程中适用的具体阶段不同，我国的法院调解主要可以分为庭前调解和庭中调解两种类型。庭前调解，也叫"审前调解"，是指从民事案件立案后到开庭审理前，人民法院对案件进行的调解活动。庭中调解是指在案件开庭审理的过程中，且

---

〔1〕 江伟：《民事诉讼法》（第 3 版），高等教育出版社 2007 年版，第 213 页。

〔2〕 韦林静："我国法院调解制度之法律思考"，载《法制与社会》2010 年第 6 期。

最迟在判决作出前，人民法院对案件进行的调解活动。根据我国《民事诉讼法》第9条和第155条规定，以及《最高人民法院关于适用〈中华人民共和国民事诉讼法〉若干问题的意见》第201条规定，民事诉讼调解适用于第一审普通程序、简易程序、第二审程序和审判监督程序。由此可见，我国法院调解的适用范围相当宽泛，只要是民事争议类案件，基本上在民事诉讼的各个审理阶段都可以适用法院调解。

2. 人民调解和法院调解的区别。虽然人民调解和法院调解同属于我国民事纠纷解决机制，但是两者在本质上还是有着显著区别。

（1）调解制度的性质不同。人民调解是由我国人民调解委员会主持的诉讼外的民间调解形式，是依靠社会第三方力量来解决纠纷的自治行为，具有一定的自治性，在本质上属于社会救济。而法院调解则是由我国法院的审判员主持调解工作，是法院行使审判权的表现，具有司法性质，属于公力救济。

（2）两者的适用范围不同。这也是由它们的根本性质所决定的。人民调解适用于非诉讼领域，是诉讼外的调解。而法院调解适用于人民法院立案后到判决作出前的各个民事诉讼审理阶段，属于诉讼内的调解。目前，在国外司法界盛行一种被称为"替代性纠纷解决方式"（Alternative Dispute Resolution，英文缩写为"ADR"）的制度，我国的人民调解制度就类似于国外ADR制度中的其中一种表现形式，纠纷当事人在和解不成的情况下可以不直接向法院起诉，而是选择人民调解作为解决纠纷的一种首选途径。实践证明，大量的普通民商事案件经过人民调解的确能够达到定纷止争、化解矛盾的目的。

（3）两者的职权主体和进行方式不同。人民调解是由人民调解委员会这一基层群众性自治组织来依法履行调解职能的，具体而言就是在人民调解员的主持下开展调解活动，必要时也可以邀请其他有关人员参与调解，目的是为了协助和支持人民调解员的调解工作；而法院调解则是由承担国家审判职能的人民法院来行使调解职权的，一般都是在立案后庭审中，由负责审理案件的审判人员主持调解。

（4）两者的调解前置性规定不同。根据我国现行法律的规定，人民调解是纠纷当事人可以自由选择的一种非诉讼纠纷解决方式，它不是诉讼的必经前置性程序。纠纷当事人可以不经过人民调解而直接向人民法院提起诉讼，纠纷当事人不服人民调解协议的，也可以向人民法院提起诉讼。而法院调解作为民事诉讼的一种审理方式和审理程序，在法定条件下存在调解前置性规定。比如最高人民法院《关于适用简易程序审理民事案件的若干规定》第14条就列举了六项民事纠纷必须适用先行调解原则，即人民法院在审理六类法定民事案件过程中必须依职权先行调解，未经调解不能直接作出判决。

（5）两者调解的范围不同。人民调解的受案范围一般是社会民事纠纷与轻微的刑事纠纷，主要以民事纠纷为主。并主要针对公民与公民之间的纠纷。而法院调解范围包括所有符合法院调解的受案范围的民事纠纷与刑事自诉案件。

（6）调解效率不同。我国人民调解作为诉讼外的纠纷解决方式，根据相关规定，人民调解是不收取任何调解费用的，是成本较低的纠纷解决方式，且解决纠纷的时间较短，效率较高，而法院调解根据规定，是要收取一定的调解费用的，且调解周期较长，也经常出现久调不决的情形。所以，人民调解解决纠纷的效率一般比法院调解要高。

（7）两者的法律效力不同。人民调解与法院调解最核心的差别即是二者所达成的调解协议效力不同。在人民调解中，纠纷当事人如果达成调解协议的，该调解协议只是具有民法上的合同效力，而不当然地具有强制执行力，除非该调解协议经司法确认后被法院认定为有效，方才具有强制执行力。实践中，调解协议能否履行则完全依赖于当事人的自觉性。而在法院调解中，如果双方当事人达成调解协议的，法院一般都会根据调解协议的内容另行制作民事调解书，民事调解书经双方当事人签收后即产生法律效力，且具有强制执行力。

根据以上法院调解与人民调解的差异之处，我们看出法院调解作为诉讼内调解方式，其自身具有的很多优势值得我国人民调解制度借鉴采纳。我国主持法院调解的法官、审判员都具有比较高的法学素养，受过专业的法学知识培训，调解水平比较专业化。并且，我国法院调解的调解协议具有严格的程序规制，更有利于保证调解结果的公正。同时，法院调解的协议书具有很强的效力与执行力。这些优势正是人民调解所缺乏的。因此，人民调解应在借鉴法院调解的优势基础上，重视提高我国人民调解员的素质，使调解员的调解向专业化、知识化方向发展。并且大力加强我国人民调解协议的效力，使其具有较强约束力，以避免当事人总是任意反悔协议的现象发生，从而有利于提高我国人民调解的成功率，减轻司法压力。

事物都具有两面性。法院调解除了自身优势之外，也有一些不足之处值得深思：我国法院调解存在"调审合一"的弊端。

法院调解的整个过程均由法官主持和控制，法官既兼任调解又担任裁判，扮演双重角色。这样造成了在调解过程中，法官为了追求办案效率，常常忽视当事人的意愿，而利用自己的职权身份压制当事人接受法院的调解结果，使得"当事人合意"的原则在运行上被虚化。而且，法院调解有时由于过分强调调解率，久调不决的现象也比较严重。这无疑增加了当事人纠纷调解的成本，也造成了我国司法资源的浪费。因此，综合我国法院调解制度的缺陷，我国人民调解制度应该吸取法院调解制度的经验教训，充分体现当事人意思自治原则，要坚持以自愿原则作为调解的基本原则，这对完善社会转型期的人民调解也是非常有益的。

在瞬息万变的社会生活中，人与人之间发生矛盾纠纷是不可避免的，最重要的是如何能够迅速有效地解决问题，而一个理性发达的法治社会应当向其成员提供多样化的纠纷解决方式，让当事人能够根据自己的利益需求进行选择，从而最大限度地满足自己的诉求。作为我国民事纠纷解决机制的重要组成部分，人民调解和法院调解各具特色，两者利弊互补、功能相辅，为缓减人民内部矛盾和提高司法效率共同发挥了积极作用。由于各具优势与缺陷，二者确切地说是一种交错互补的关系。

（二）人民调解与行政调解

我国行政调解是介于人民调解与法院调解之间的一种调解制度。根据传统行政法学，行政调解是指国家行政机关所作的调解。具体到行政调解的涵义上主要有两种观点，其一，将行政调解定义为："由国家行政机关出面主持的，以国家法律和政策为依据，以自愿为原则，通过说服教育等方法，促使双方当事人平等协商、互让互谅，达成协议、消除纠纷的诉讼外活动。"[1]其二，将行政调解定义为："行政机关在争议双方当事人自愿的基础上，在其行使行政管理的职权范围内，主持双方进行协商，达成协议从而解决纠纷的活动。"[2]可见，行政调解是由我国行政机关主持的，以自愿为原则的一种诉讼外调解制度。

通过行政调解的涵义可知，我国行政调解与人民调解存在很多的共同之处：

首先，调解主体都具有法定性。我国行政调解是由行政机关和法律、法规授权的组织进行调解，人民调解是由我国人民调解委员会组织调解民间纠纷，而人民调解委员会是具有法律地位的调解组织。所以，二者都是由正式规范文件授权的机构进行调解，主体上都具有法定性。

其次，调解性质相同。我国行政调解和人民调解都是一种诉讼外的纠纷解决方式，都有着调解民间纠纷的作用。

再次，调解原则相同。即都以自愿原则为基础。我国行政调解是在当事人自愿原则基础上，由行政主体对纠纷双方的争议进行的调解活动。人民调解也是在自愿原则的前提下，由我国人民调解委员会对双方当事人的争议进行调解的自治活动。二者都以自愿原则为基础对纠纷进行调解。

最后，调解内容都不得违反我国法律、法规、政策。不管是我国行政调解还是人民调解，在调解过程中都不可以采用不

---

〔1〕 崔卓兰：《行政法学》，吉林大学出版社1998年版。
〔2〕 马佳："论我国行政处理民事纠纷机制的完善"，载《湖北行政学院学报》2007年第1期。

当或违法手段，违反我国法律、法规、政策的规定。

行政调解与人民调解虽都是我国诉讼外纠纷解决机制，但二者之间也存在一定的区别，这些不同决定了它们各自在解决纠纷的过程中所发挥的作用不同。二者区别主要有：

第一，调解主体的性质不同。在行政调解中，主持调解的主体是特定的行政主体，即国家行政机关和法律、法规授权的组织，调解组织具有行政性。而在人民调解中，主持调解的主体是由基层群众性自治组织，即人民调解委员会出面调解，而非行政主体。并且，人民调解更多体现的是群众自己解决矛盾，明显具有自治性特征。所以二者在调解主体的性质上存在着差别。

第二，调解范围不同。行政调解的受案范围主要限于民事纠纷、一些轻微的违法行为、行政补偿数额方面的争议与权属争议等纠纷，相比较行政调解的受案范围，我国人民调解的调解范围相对广泛，一般包括所有的民事纠纷与轻微的刑事纠纷，这些纠纷一般都是可以经过人民调解来解决。

第三，调解协议的效力不同。行政调解协议的履行过程中，协议由于缺乏法律效力，所以在当事人拒不履行时，行政机关也不得强制当事人履行该协议。而关于人民调解的调解协议效力，我国 2002 年最高人民法院司法解释确认了人民调解协议具有民事合同的性质，若一方拒不执行，另一方可依据调解协议向人民法院起诉。该司法解释明确规定人民调解协议具有一定的法律效力，但在实践中，仍然存在着协议无法得到履行的问题。它与行政调解的关于协议效力的不同之处，主要在于人民调解以司法解释的形式规定了其效力。

通过以上对人民调解与行政调解的分析可以看出，行政调解与人民调解作为我国诉讼外纠纷解决机制，作为我国调解制度体系中的重要组成部分，二者都体现了对自由平等价值的追求，都具有纠纷解决的功能、稳定社会的功能、促进社会和谐发展的作用。然而，在解决纠纷的具体实践中，随着市场经济的快速发展与高新技术的广泛应用，关于专利纠纷、知识产权纠纷越来越多，针对这些新型纠纷，行政调解的工作人员由于长期接触这类纠纷案件，具有更丰富的经验，能够准确快速地解决这类专业性纠纷，相比人民调解员在处理这类纠纷上更有优势。这一点是非常值得人民调解制度借鉴的。人民调解以后也应向着专业化、技术化的调解方向发展。

除此之外，行政调解的不足也值得我们深思。行政调解发展至今，存在行政调解程序规则不健全、行政调解协议效力不强、行政调解的受案范围相对狭窄等立法缺陷与不足。联系人民调解制度，行政调解的这些立法方面的缺陷，人民调解也同样存在着。比如人民调解协议效力执行力不强的问题、人民调解员素质参差不齐问题等等。所以，我们应尽快完善我国调解制度的相关立法，严格规制调解程序，使调解制度能发挥其应有功效，解决社会纠纷，减轻司法压力。

第二章 人民调解的历史进路

第一节 人民调解的起源

一、传统调解的特点和种类

传统调解制度，可以上溯至民族文明发展之初。在我国古代，对"调解"一词有"居间"、"排解"、"调停"、"劝解"、"和解"等多种提法，其基本含义均指的是一种纠纷处理方式，当纠纷发生时，矛盾双方将发生的争议提请第三方居间协调、处理。据考证，在三千多年前的西周官府中，就设有"调人"、"青吏"的官职，"司万民之难而谐合之"，专司调解纠纷，平息诉讼，维护社会秩序的工作。到两千多年前的秦汉时期，官府中的调解制度发展为乡官治事的调解机制。县以下的乡、亭、里设有夫，承担"职听讼"和"收赋税"两项职责，"职听讼"即调解民间纠纷。唐代沿袭秦汉制度，县以下行政组织没有审判权，乡里民间纠纷、讼事，则先由坊正、村正、里正调解。调解未果，才能上诉到县衙。我国历史上实行行政司法一体化，县官即法官。明代沿袭和发展了历代的调解制度，并将民间调解行为上升为法律行为。《大明律》专门有关于"凡民间应有词讼，许耆老、里长准受于本亭剖理"的规定。根据《大明律》的规定，明朝在乡一级专门设置了调解民间纠纷的处所"申明亭"，由耆老、里长主持调解并形成制度。清代县乡以下基层组织实行保甲制，设排头、甲头、保正，负责治安、户籍、课税和调解民间纠纷。中华民国时期，县下设区、乡、镇。民国政府《区自治施行法》和《乡镇自治施行法》都规定，区、乡、镇设立调解委员会，其成员需由具有法律知识和素孚信望的公正人士担任，并且由所在区、乡、镇公民选举产生。[1]根据史料考察，按照不同的第三方（执行国家权力的机构和组织或民间自发的群众）划分，我国历史上实际存在过三种不同形式的调解：乡治调解、宗族调解、民间调解。所谓"乡治调解"，是指一种官方调解。调解人员是国家派设基层的小吏，他们对民事纠纷和轻微刑事案件有裁决权，国家赋予其一定强制力，调处纠纷所遵循的是国家法律，具有行政调解的性质。所谓"宗族调解"，是指"宗长"、"宗贤"依照宗族规约处理纠纷。中国有几千年封建宗法社会的历史，等级森严，家法、族规束缚着广大群众，族权是封建社会的重要权力之一。族人中发生了纠纷，族长有权进行调解。所谓"民间调解"，是群众性自发排难解纷活动，与官府衙门无关。主持调解者为群众所信赖的人，他依靠自身的威信和社会经验，协商解决问题，化解矛盾，平

---

〔1〕 梁凤荣：《中国传统民法理念与规范》，郑州大学出版社 2003 年版，第 9页。

息纠纷。

调解在我国具有悠久的历史，它源远流长，久盛不衰。研究表明尧舜时期就已经出现了调解制度的萌芽。[1]

在初民社会中发生的纠纷，基本上都是用民间调解的方式解决的。而且我国古代运用调解方式进行案件处理的范围相当宽泛，诸如因户婚、田土、钱债、斗殴等产生的民事纠纷或轻微的刑事案件都在可调解之列。早在先秦，我国就有"劝释"、"私休"、"休和"、"调停"、"和息"、"排难解纷"等关于调解纠纷机制的不同提法。学界一般将中国传统调解分为官府调解和民间调解两种形式。我们或者也可以将传统的调解分为民间非诉讼调解、半官半民的庭外调解和官府调解三种。依主持者的不同身份，民间调解又可分为民间自行调解、乡里调解和宗族调解；诉讼调解又称州县官府调解。下面就对这几种调解进行简要评析：

（一）民间调解的概念和特点

1. 民间自行调解。所谓民间自行调解指纠纷双方当事人各自邀请乡邻、亲友、长辈或在当地民众中有威望者出面说和、劝导、调停，从而消除纷争的活动。

民间自行调解的主要特点是没有审判权，但可调解民间讼争，它既无固定程序，也无差役的勒索，方法简单灵活，因而为民间所欢迎。用调解平息纷争的事例，在我国的古文献中也多有记载，如汉代时期，洛阳有两族人历时多年相互积怨仇杀，

---

[1] 曾宪义："关于中国传统调解制度的若干问题研究"，载《中国法学》2009年第4期。

虽经官府几经干预均未能彻底解决问题，后经侠客大首领郭解出面劝和才得以解决。郭解的义举被后人誉为"振人之命，不矜其功"。元朝专门设立了通过非诉讼程序解决纠纷的"告拦"制度。《元典章·刑部·诉讼》中规定了《田土告拦》的条款，该条款用一个案例和中央对该案件的批示规定了"告拦"的内容。该案例记载："汴梁路封丘县民王成与祁阿马互争田土一顷一十六亩半，在官欲行归结前，在外有知识人郑直等将成劝和……因此，成等自愿商议休和。议将见争田地名除地段，对众另立私约合同文字。如此拦告以后，各不翻悔，如有翻悔之人，成等情愿甘当八十七以下，更将前顷土地尽数分付与不悔之人永远为主，更不争官赴告。"行省、礼部、中书省对这个私约都作了肯定性批示。

　　有关清朝的资料也多有民间调解的记载，如嘉庆年间，顺天府宝坻县孀妇孙张氏与故夫堂兄孙文降发生土地所属纠纷，本里监生一人，民众五人皆出面调解，终使孙文降聆悟"念系一脉，骨肉相关"，主动退让，和孙张氏重立契据，并表示"俟后各守各业，均敦族好"而和解。显然，诸如上述户婚田土等类似的纠纷，因多发生在邻里亲友之间，所以由民间有威望的人或亲友中公直之人出面调解，具有"使弱者心平，强者气沮……谊全姻睦"[1]的效果。

　　2. 宗族调解。宗族调解是指宗族成员间发生纠纷时，族长依照家法、族规进行的调解决断。对宗族调解的记载，最早始于周代钟鼎铭文中"宗子"的案例记载。我国古代信奉儒家

---

　　[1]《牧会书》(卷十七)，汪辉祖："治讼"。

"宗族称孝焉，乡党称悌焉"的训条，增强宗族间的协同关系，维护宗族的共同利益，使得多数同姓族人都采取集结形态聚族而居在同一村落里，这种聚居的宗族推举辈长年高且有威望者作为族长，并制定或约定俗成一些规范作为族人的行为准则，这些家法、族规也是用来调处、裁判族内民事纠纷的依据。宗族族长一方面负有统辖管理宗族之权，另一方面对国家承担维持族内秩序的义务，实质上就是行使审判权的法官。宋代的《燕翼诒谋录》记载赵州裴氏宗族的规约说："有竹箄相授焉，族长欲挞有罪者，则用之。"清朝康熙年《萧山新田施氏族谱》规定，族内发生纠纷，必须"就宗长宗贤调停处息，毋得执拗，毋相结讼"。乾隆时彝陵陈氏"家范"也规定，"凡同宗有衅，无论事之大小，皆当先请族正长来祠问明理处，万难解释，然后可白于官。倘未经评，率先控告，公同议罚"。正是由于像上述的族规村约贯穿了儒家的礼制规范，起到了家法与国法相通互补的效果，才使得历朝统治者对宗族的权力都采取认可态度，并乐于把宗族内发生的纠纷推给族长去解决。

　　清朝更是大力倡导封建宗族及乡绅的"自治"权。康熙《圣谕十六条》，其中就把"和乡党以息讼"与"完钱粮"、"弭盗贼"相提并论。雍正年间定例，"议准聚族而居，丁口众多者，准择族中有品望者一人为族正"，"其间凡同氏谱之未通者，则官为通之，单丁只户不成族者，则附以大族"，并明确肯定族长及宗族内头面人物对于"劝道风化及户婚田土竞争之事"[1]有调解和裁判的权力。《大清律例》规定，轻微罪

[1] 《大清会典事例》（卷二）。

犯、妇女罪犯可以送交宗族，责成宗族管束训诫，至于民事纠纷，特别是婚姻、继承争端也大多批转宗族处理，"阖族公议"。

3. 乡里调解。乡里调解是一种具有半官方性质的调解，是指乡老、里正等最基层的小吏调解一乡一里的民事纠纷和轻微刑事案件。《周礼》中有"六乡六遂"，《管子》中有"朝治"与"乡治"，可见自周代起，我国已有了乡治组织。春秋战国之际，设有专门调解复仇案件的官员，称为"调人"。《周礼·地官》载："调人之职，司万民之难而谐合之，"专司"谐合"而不管审判，可以把它看做是诉讼外之调解。秦汉时均设乡啬夫，职听讼，平断曲直，大多以验问为手段调解息讼。汉简《侯粟君所责寇恩事》判例中，县廷将乡啬夫的第一份验问爰书全文转达给原告粟君，县廷不做判决而征求粟君对爰书的意见，实际上就是以调解结案。唐朝乡里讼事，则先由里正、村正、坊正调解。元代乡里设社，《至元新格》规定，社长的职能之一是"诸论诉婚姻、家财、田宅、债负，若不系违法重事，并听社长以理谕解，免使妨废农务，烦扰官司"。明朝的乡治调解更具特色，明初在各乡设有"申明亭"，由本乡推举公直老人三五名，本乡有纠纷小事，由老人主持，在申明亭调解。明中期后，申明亭及老人制度逐渐废弛，又在各地推行"乡约"制度。每里为一约，设约正、约副、约讲、约史各一人，在本里的空闲大屋中布置"圣谕"及"天地神明纪纲法度"的牌位，每半月一次集合本里人，宣讲圣谕，调解半月来的纠纷。清朝保甲的主要义务是追查盗贼和编户收税，但也负有调解纠纷的职责。陆陇其办案，"讼不以吏胥逮民，有宗族争者以族长，有乡里争者以里老"[1]在清代宝坻县刑房的档案中常见知县有这样的批语，"伤微事细，著遵堂谕自邀乡保查明理处复夺，毋轻涉讼"，"起衅甚微，故着饬差协同乡保查明理处复夺，毋轻涉讼"，乡里调解是历代统治者都予以法律确认的调解形式，古代历朝官府之所以如此重视乡里调解，表面上看是因为"乡党耳目之下，必得其情，州县案牍之间，未必尽得其情，是在民所处较在官所断为更允矣"[2]，而实质上是这种半官方组织对民众的严格管束，可起到使其不敢随意"烦扰官府"的作用。

（二）州县官府调解的概念和特点

在古代中国，当堂对纠纷当事人进行调解是司法官吏的普遍做法，但它又不同于民间调解：其一，官府调解带有一定的强制性，它不是当事人自愿进行的调解，而是官府进行调解的案件，当事人必须服从，即不仅败诉一方须具结保证不再滋事，胜诉一方也要具结，承认调解结果，并表示和解。其二，调解具有优先性。虽然法律没有把调解规定为必经程序，但官府审理案件时，一般都先进行调解，"在大多数告到衙门来的案件中，县令都会反复敦促原告和被告私了"[3]，并尽可能促成和解，因为诉清狱结是对地方官考核的重要依据。其三，堂上堂下相结合，即我们现在所说的诉讼内外相结合。我国古代司法与行政合二为一，大量民事案件集中于州县衙门，"官为劝释，亦杜衅止讼之一道也"，因而，对于那些实属细微的案件，一般

---

〔1〕《清史稿·陆陇其传》（卷二十六）。
〔2〕《牧会书》（卷十七），袁守定"听讼"。
〔3〕［美］吉尔伯特·罗兹曼编，国家社会科学基金"比较现代化"课题组译：《中国的现代化》，江苏人民出版社1995年版，第127页。

不在堂上处理，而是乡里或派差役进行调解。

通过以上内容我们可以看出：官府调解虽有些类似现代意义上的司法调解，但因古人崇尚德教，认为讼争的多发，是民风浇薄，教化有亏的表现，故而州县官员在对具体纠纷的调解过程中，带有浓重的父母仁爱色彩，而非裁判官。西汉韩延寿任冯翊太守时，巡行至高陵县，见有兄弟因田争讼，他首先自责，认为这是他"不能宣明教化，至令民有骨肉争讼，既伤风化，重使贤长吏、啬夫、三老、孝弟受其耻，咎在冯翊，当先退"。一件小纠纷，竟视为通郡之耻，他本人"入卧传舍，闭阁思过"，使得令丞、啬夫、三老"皆自系待罪，于是讼者宗族传相责让，此两兄弟深自悔，皆自髡肉袒谢，愿以田相许"。元人张养浩在其所写的《三事忠告》中说："书讼者，诚能开之以枉直，而晓之以利害，鲜有不愧服两释而退之。"清朝陆陇其知河北灵寿县时，每有民事案件，均传唤原告、被告到庭，开导双方。州县官府在调解民事案件时，之所以不厌其烦地"以礼喻之"，是因为"按照儒家的理论，国法只是广泛道德原则中一小部分的体现，这就意味着这类事务应主要由社会的道德原则而非法律来解决。特别是民事纠纷，县官的处理应该本着'教谕的调停'的原则"。[1]

二、传统调解的社会条件和思想基础

"一切划时代的体系的真正内容，都是由于产生这些体系的那个时期的需要而形成起来的。"[2]调解制度在我国古代长期存

---

〔1〕 梁凤荣："论我国古代传统的司法调解制度"，载《河南大学学报》2001年第4期。

〔2〕《马克思恩格斯全集》（第13卷），人民出版社1965年版，第81页。

在，表明其有着厚重的社会基础和深刻的思想根源。

（一）传统调解实现的社会条件

1. 自给自足的农耕社会状态。中国地处东亚大陆，气候温暖湿润，自古以农业立国，商业贸易虽在局部，短期有过兴旺的情形，但从未在全国范围内开展起来。中国长期以来延续以谷物种植为主的谋生方式，是一种以一家一户为基本生产单位、男耕女织的小农业和手工业相结合的自然经济形态。小农经济占绝对的主导地位，商品经济受到否定与排斥，形成一个以农业为本的自给自足的社会系统。

我国古代社会具有"亚细亚生产方式"的特点，财产大部分是在一个小公社范围内创造出来的。因此，这种公社完全能够独立存在，而且自身包含着再生产和扩大再生产的一切条件。单个人对公社来说并不是独立的。在这种生产方式的长期影响下，我国的土地私有制没有经过充分的发展，商品经济关系难以得到充分培育，直到清末开埠，中国仍然是一个自给自足的自然经济占主导地位的农业社会。这种传统的农业社会带有很强的封闭性、等级性、血源性、集团性、非经济性等诸多特征。地缘和血缘上的限制制约了社会成员的活动空间，使得"民事关系"的发生往往未能超出亲友地邻的范围，即使产生了纠纷，也常常通过由血缘、地缘因素构成的熟人社会要素冲淡了对立情绪。[1]在这样的情况下，纠纷当事人常常采取恢复、维持或者至少不破坏原有人际关系的方式来解决纠纷。因此，调解成

---

[1]　春杨：《晚清乡土社会民事纠纷调解制度研究》，北京大学出版社 2009 年版，第 28 页。

为这种情势下可以选择的最好的方式。

中国传统社会从文化属性上看应当属于农业文明的类型，它区别于西方文明的特点之一便是具有一种"安足静定"的社会心态。[1]具体而言表现为人际交往有限、流动性低、活动范围狭窄。"安足静定"的社会心态造成了人们规避诉讼和偏好调解的倾向。在封闭性的熟人社会中，社会成员十分重视维系相互之间的和睦关系，如果与他人的关系破裂而不加弥合，久而久之，裂痕就会演变为世代的怨仇。好比诉讼，纠纷当事人一旦对簿公堂就会将冲突推向不归之途，因为司法制度一经启动必然会有一方当事人遭受不利后果，这将会带给双方当事人在审判以后无休无止的对立和冲突，形成一种"经世的仇恨"。[2]正如美国学者罗伯特·F.尤特所言："由于纠纷常扩及家族、村庄及行会，因此诉讼经常导致争持者与其家庭之间多年怨恨关系的产生"。[3]世代为仇的人际关系对于生活在熟人社会中的成员来讲无疑是非常恶劣的。所以在这种特定的意识支配下，人们往往都有着消极的诉讼意识。

以调解方式解决纠纷的优势是显而易见的，纠纷调解的场合可以缓解剑拔弩张的气氛，使双方当事人易于比较冷静地提出各自的主张；调解人基于对纠纷的来龙去脉和当事人期望值的清晰了解所提出的折中思路，更易于被当事人接受。而且调

---

〔1〕 钱穆先生在《中国文化史导论》（商务印书馆 1994 年版）中提出的这种观点已成为学术界的共识。

〔2〕 李银河："论村落文化"，载《中国社会科学》1993 年第 5 期。

〔3〕 〔美〕罗伯特·F. 尤特著，周红译："中国法律纠纷的解决"，载《中外法学》1990 年第 2 期。

解的目标是以将来为取向的，它并不止于纠纷的解决，还要考虑到当事人日后的相处。正如日本学者野田良之教授所说："农耕民族的社会本来就重视相安无事的和平，而把纠纷和斗争看作社会的病态现象。"[1]与此不同，西方法律文明建立在发达的商品经济形态之上，其法律价值是通过厘定权利与义务边界的过程展开的，对于民事纠纷的解决并不以调解为主要的方式，因为从本质上，商品交换是一种非人格化的关系，只要服从其一般规则，任何人都可以自由地进入和退出。而且，商品交换使得民事活动的范围扩大，远远超出了熟人关系的狭小范围。这些因素大大降低了民事纠纷解决过程中适用调解的可能性和必要性，以便给交换活动过程中的当事人提供一种可预测的标准，有利于改善交易条件和降低交易成本。所以，在这种条件下，西方法律传统是以审判作为其解决纠纷的主要方式，而不是以调解为主。[2]

2. 家国同构的社会结构。调解制度在我国的出现和发展与我国传统的家国同构的社会结构有着密切的关系。宗法家族制的社会结构为我国传统调解制度的形成与发展创造了有利的社会基础。

中国古代社会的进程是伴随着由家而国的途径实现的，早在周朝就确立了由氏族组织演变而来的、以血缘为纽带的宗法制度。先秦时期的宗法制到秦汉变成了宗族制，至明清又演变

---

〔1〕〔日〕滋贺秀三等著，王亚新等译：《明清时期的民事审判与民间契约》，法律出版社1998年版，第87页。

〔2〕潘度文："我国民事诉讼调解制度的历史发展及社会基础"，载《中国青年政治学院学报》2003年第1期。

成为家族制。宗法家族制度在中国延续数千年之久，在宗族中以父家长为中心，嫡长子继承，个人不能超越宗法家族而独立，宗法家族发挥着对外复仇、对内抚育赡养的重要职能。同时，宗法家族制度通过皇权制融进了国家政治领域，中国古代的社会政治呈现出家国一体、君父相通的模式，国被视为家的放大，国政的原型是家务，国法由家法延伸而来。国家组织与家族组织的同构性使得用于维持日常生活秩序的伦理准则上升为治理国家的政治原则。

家国同构的社会结构具有整体性特征。家族是基于血缘关系而组成的，它既是一个血缘共同体更是一个情感共同体，维系这种自然关系的基本价值就是"和谐"、"安宁"。在整个共同体中，人们更注重对亲情、族情的维护，而对个人行为是非对错的准确判断则在其次。家长有时为了维护家族成员之间的"其乐融融"，甚至会故意遮蔽是非真相，以追求整个家族内部的团结和谐。所以，如果发生纠纷，调解就是解决争端的最佳手段。

家国同构的社会结构具有普遍性特征。家族的组织形式被所有的社会组织放大和模拟，所有的社会关系被赋予了伦理的形式，因而社会生活中所出现的矛盾和纠纷也往往以伦理的准则进行解决。传统的聚族而居、安土重迁的习惯，使得社会关系完全建立在血缘和地缘的基础之上，人与人之间的血缘亲情在混合了地缘乡情之后而变得越发浓厚和持久。社会成员之间不仅有着各种各样的利益关联，还有着永远无法终止的感情关联。"亲密的共同生活中各人相互依赖的地方是多方面和长期的，因之在接受之间无法一笔一笔地清算往回"[1]，因此，当人们在社会生活中发生纠纷时，往往会以处理"家务事"的方式请"家长"对纠纷进行调解，通过调解恢复往常的和睦。

（二）传统调解机制的思想基础

1. "天人合一"的哲学观下形成的"和合文化"。"天人合一"既是中国传统法律文化形成的哲学基础，也是中国传统社会纠纷调解制度形成的哲学基础。在中国传统哲学中有这样一种解释，世间万物皆以天为中心，"天"是宇宙间绝对真理的同义语，人与天的关系是宇宙间最基本的关系。老子曰："人法地，地法天，天法道，道法自然"。道家崇尚淡泊、宁静，并强调"不争"、"居下"、"取后"、"以屈求生"、"以退为进"，主张"我无为，而民自化，我好静，而民自正"。这些哲学思想都对中国古代的调解，尤其是对有关当事人的心理和态度，产生了深刻影响。

中国传统社会的调解，无论是官府调解、官批民调或民间调解，尽管形式及程序各有差别，但都贯穿着传统的"和谐"精神和教化原则。和谐也是中国古代独特的审美观念，它不仅涉及美的外在感性形式，更强调了其所具有的社会伦理道德的意义。"对于中国人来说，和谐的便是好的。这并非单纯的审美意识，而是他们关于人生、社会、自然乃至宇宙的最高理想。当然，也是他们解决一切纷争的出发点。"[2]

---

〔1〕 费孝通：《乡土中国生育制度》，北京大学出版社1998年版，第72页。
〔2〕 梁治平等：《波斯人信札》，中国法制出版社2000年版，第142页。

和谐体现在社会关系方面，最理想的状态便是无讼，"无讼不过是和谐延伸到司法上的一个转用词，其意蕴和旨趣是一致的"。[1]中国古人把诉讼视为一种破坏社会秩序的极端方式，所谓"讼，终凶"，"讼乃破家灭身之本，骨肉变为怨仇，邻里化为仇敌，贻祸无穷，虽胜亦负，不祥大焉"。[2]

2. 崇尚中庸，提倡调和。和谐为美的价值观在孔子的仁学体系中体现为"中庸"之道。"不偏谓之中，不倚谓之庸。中者，天下之正道；庸者，天地之定理。"中庸有"执两用中"、中间、中等的意思，其中蕴含着一定的调和思想。《中庸》云："天命之谓性，率性之谓道，修道之谓教。道也者，不可须臾离也。可离非道也，是故君子戒慎乎其所不睹，恐惧乎其所不闻。莫显乎微，故君子慎其独也。喜怒哀乐之未发谓之中，发而皆中节谓之和，中也者，天下之大本也；和也者，天下之大道也。致中和，天地位焉，万物育焉。""中节"为"和"，"和"是"中"的外显，是"中"得以实现的目标。可见，"致中和"是仁的根据，在此基础上所建立的调解人际关系的社会制度才是合乎"正道"的。在儒学中，中庸既是一种道德行为准则，更是一种哲学思想，它强调人的行为方式不应固执己见和偏走极端，而是要合乎"中道"，即适中、适可。这正是中国古代"和"观念的真谛所在，更是传统调解机制的内在原理。中庸之道对古代中国的社会行为方式影响深远。

---

[1] 张中秋：《中西法律文化比较研究》，南京大学出版社1999年版，第324页。

[2] 《名公书判清明集》，中华书局1987年版，第637页。

第二节 人民调解制度的初步
形成与早期发展

近代以来，中国的民间调解以人民调解的建立与发展为主要的特征。人民调解萌生于第一次国内革命战争期间，其适应当时的现实需要，经历了一个思想逐渐清晰、组织逐步健全、制度逐步成熟的过程。不同于一般的民间调解，人民调解制度从产生到第一次重大转折与发展，国家是其主要的推动力量，从开始的制度雏形直至在全国范围内形成了制度化、法制化的系统，是否在政权倡导下建立基层的调解机构是其形成与否的主要标志。

一、人民调解制度的雏形

人民调解制度最早产生于新民主主义时期的革命根据地。最初是在共产党领导下的反对封建土地制度的农会组织和一些地区建立的局部政权组织中设立了调解组织，调解农民之间的纠纷。1922 年 10 月，第一次国内革命战争时期彭湃同志领导广东农民成立了"赤山约农会"，农会下设"仲裁部"，标志着人民调解在红色政权下萌芽。之后，广东、广西、江西、陕西、湖南、湖北等地建立的两万多个农会中，都设有调解组织。这一时期，调解组织分为两种：一是农会作为群众性调解组织；二是村、乡、区政府作为行政性调解组织。调解内容以不涉及犯罪的民间纠纷为限。如遇到重大问题有权向县革命法庭提出控告。基层苏维埃政府设专职人员负责调解工作，遇到难于解决的纠纷，实行逐级调解制度。人民调解制度雏形时期，尚未形成一套比较完备的原则、程序等。

群众性调解分为民间自行调解和群众团体调解。前者是群众自己调解自己的纠纷，无固定组织形式。在陕甘宁边区，调解的进行，由双方当事人各自邀请地邻亲友，从场评议曲直，就事件的轻重利害提出调解方案，劝导双方息争。这种以双方所信赖的、在群众中享有威望的人物所进行的调解，在晋冀鲁豫边区也曾广泛采用。群众团体调解就是依靠群众组织解决群众之间的纠纷。至于群众团体调解的组织形式，各抗日根据地的情况不尽相同。在陕甘宁边区，各群众团体设有专门的调解委员会，而在晋冀鲁豫边区太岳区，农青妇群众团体直接履行调解的职能，不另设调委会。因此，群众团体调解就其组织形式而言，又可分为设有专门调解机构（调解委员会）的调解和不设专门调解机构的调解两种形式。无论何种形式，均是在遵守初步确立的自愿、合法、平等等人民调解原则的基础上，当事人在调解组织的主持和引导下，互谅互让，就所争执的纠纷达成调解协议。这个时期的当事人之间达成的调解协议，由于受当时的条件所限，大多是口头协议，内容相对比较简单，民事法律关系比较单一。因为革命根据地基本上是自给自足的传统农业经济，因此，调解协议往往涉及经济内容较少，大多是与农业生产和生活相关的内容居多。加之根据地的民风淳朴，群众对党和政府相当信任，调解协议的履行都是靠当事人自觉履行，并且履约率很高。如陕甘宁边区绥德县西直沟村，由于调解工作搞得好，这个村连续几年没有人到政府打过官司。1937 年 7 月，山东抗日民主根据地威海区蒲湾发生的"威海退

滩荒争执案",是一起为争执退滩荒诉讼百年之久的积案。在调
委会、民主政府同心协力、认真耐心的调解下,终于达成调解
协议,息诉平争增强了当地群众团结和睦的民主气氛,一心一
意努力生产,这在当时的胶东地区传为佳话。

由于这一时期处在战争环境之中,未能制定全国统一的人
民调解法规,人民调解的主要法律依据为各根据地和解放区关
于人民调解制度的条例和规定等,在调解委员会主持下双方当
事人所达成的协议对双方当事人有法律约束力,与法院的判决
具有同等效力,可以强制执行。如1941年4月18日颁布施行的
《山东省调解委员会暂行组织条例》第9条规定:"调解成立后,
应制作调解笔录,交付或送达当事人,不得以判决行之,调解
笔录之效力与判决同。"1942年4月1日公布施行的《晋察冀边
区行政村调解工作条例》第16条也规定:"调解成立的字据和
审判上的和解笔录有同等效力,可以请求强制执行。"据统计,
在各根据地、解放区保存下来的17个关于调解工作的条例、规
程、决定等文件中,有12个明确规定了人民调解协议与法院的
生效判决有同等效力,并可强制执行。从某种意义上讲,人民
调解替代了法院判决,成为当时更有效、更便捷的纠纷解决
方式。

二、人民调解制度的形成

抗日战争时期,调解工作得到较大发展,为了区别当时国
民党统治区的"不民主的调解工作",把解放区的民间调解称之
为人民调解。从1937年到1940年,各抗日根据地民主政府广泛
推行调解工作,积累了丰富的实践经验,调解组织形式逐渐多

样化，主要包括四种组织形式：民间自行调解、群众团体调解、政府调解、法院调解。人民调解的三项基本原则，即调解必须出自双方当事人的自愿（自愿原则）、调解必须以人民政府的法令和善良习俗为依据（合法原则）以及调解不是诉讼的必经程序（保护当事人诉讼权利原则）形成了。除法院调解外，任何其他形式的调解都必须遵循这些原则。这些原则是相互联系的，是以调解工作的实践经验为基础，在抗日战争时期逐步形成的。调解工作三项基本原则的确立，是人民调解制度形成的主要标志。

三、人民调解制度的早期发展

（一）人民调解制度的确立

中华人民共和国成立标志着一个新的历史时期的开始，人民调解工作步入了新的发展阶段。建国初期，许多省、市陆续颁布了人民调解工作的规程、指示、办法。1950 年 11 月 3 日，中央人民政府政务院"关于加强人民司法工作的指示"中指出："人民司法工作必须处理人民间的纠纷，对这类民事案件亦须予以足够的重视，应尽量采取群众调解的办法以减少人民讼争。"1953 年 4 月召开的第二届全国司法工作会议，对人民调解工作给予很高的评价，决定在全国范围内有领导、有步骤地建立与健全人民调解组织。1954 年 3 月 22 日，中央人民政府政务院在总结新民主主义革命时期调解经验和新中国成立后人民调解新经验的基础上，颁布了《人民调解委员会暂行组织通则》（以下简称《通则》），明确规定了人民调解委员会的性质、任务、组织、活动原则、工作制度和工作方法，使人民调解委员会的工

作有章可循，使全国建立的人民调解委员会取得了明确的法律
地位。该《通则》第一次明确规定：在全国城乡普遍设立人民
调解委员会；调解委员会是群众性的调解组织，在基层人民政
府和基层法院的指导下进行工作；调解委员会调解的是一般的
民事纠纷和轻微的刑事纠纷。同时对调解委员会的工作制度、
活动原则，调解人员应遵守的纪律等作出了明确的规定，并通
过调解进行政策法令的宣传教育。《通则》的颁布是我国人民调
解制度发展史上的重要里程碑，它标志着人民调解作为一种法
律制度在我国正式确立。《通则》颁布后，各省都先后就如何加
强人民调解委员会的建设专门发出贯彻的通知，大大推动了人
民调解工作的开展。据不完全统计，到 1955 年底，全国已有
7096 个乡、街建立 170 400 多个人民调解委员会，调解人员共
有约 100 万人。《通则》第 8 条："调解委员会调解案件时，应
利用生产空隙时间进行工作，应倾听当事人的意见，深入调查
研究，弄清案情，以和蔼耐心的态度，说理的方式，进行调解。
案件调解成立后，得进行登记，必要时得发给当事人调解书。"
但遗憾的是，《通则》对人民调解协议的效力并没有作出任何规
定，致使人民调解协议的效力问题在相当长的时间内一直未能
得到肯定。

（二）人民调解制度的挫折遭遇

《通则》颁布后，人民调解工作得到了全面迅速的发展，在
城乡社会主义改造中发挥了较好作用，但是从 1957 年下半年开
始，在阶级斗争扩大化的"左"的思想影响下，调解组织和调
解工作逐渐为调处组织和调处工作所取代。这是人民调解在发
展过程中遭遇的挫折。调处组织与《通则》规定的性质和任务

大相径庭，在今天看来，它不是"调解工作的新发展"，更不是什么"社会主义革命中的伟大创举"，而是在"左"的思想指导下，改变调解组织和调解工作的性质，成为专政的工具和措施。首先，调处组织的任务不是调解民间纠纷，而是约束"大法不犯，小法常犯"的所谓不良分子。1958年人民公社化后，不少地区把调处委员会和治保委员会合二为一。其次，调处组织的职权不只是采取说服教育的方法，促使当事人自觉履行达成调解协议，而是拥有广泛的强制力。例如，1958年9月12日实行的河南省委员会《关于制定爱国公约、建立调处委员会暂行办法（草案）》中规定："调处委员会一般采取说服教育的办法进行工作，但经说服教育仍不悔改，继续违反公约的人，除责令检讨、赔礼道歉、赔偿损失外，还可以采取强制办法分别情况给予处理，从具结悔改直至组织辩论、劳动教养。"从以上规定不难看出，调处组织及其性质、任务和职权，与一个群众组织是不相适应的，也不符合《通则》规定的精神，这样的组织，在实际工作中不可能不产生脱离群众、强迫命令、违法乱纪的现象。

到1961年下半年，曾经广为推行的调处组织和调处工作便呈现出自然解体的趋势，这个时期所达成的人民调解协议因为自愿原则的背离和强迫手段的运用，而失去了人民调解的性质，从而无论从形式到内容都已经不再是符合法律规定的人民调解协议。在"文化大革命"的十年，社会主义民主与法制受到严重践踏，在公、检、法三机关被砸烂的同时，人民调解制度也被当做"阶级调和"的修正主义产物被完全取消，人民调解组织和队伍绝大多数被解散，只有剩下的极少一部分基层群众组织较好的地方，仍保持着自发的一些人民调解活动，其余的大多名存实亡。这一时期，人民调解协议的达成和履行因调解组织的不存在，几乎空白，更不用说发挥其应有的法律和社会作用。

第三节 人民调解制度的新发展

党的十一届三中全会以后，伴随着社会主义民主和法制建设的逐步恢复，人民调解制度重新得到了肯定和重视，各地人民调解组织迅速恢复和发展，人民调解制度逐步走上了健康发展的崭新历史阶段。1980 年 1 月，全国人民代表大会常务委员会批准重新公布《人民调解委员会暂行组织通则》。1981 年 8 月，司法部召开第一次全国人民调解工作会议，贯彻中央关于健全基层组织和加强基础工作的指示精神，全面总结、交流经验，推动人民调解工作进一步发展。1982 年 3 月，《民事诉讼法（试行）》颁布，明确将人民调解制度写进了法律条文。1982 年 12 月，第五届全国人民代表大会第五次会议通过的《宪法》将人民调解组织写入了《宪法》条文。[1] 1989 年，国务院第四十次常务会议通过了《人民调解委员会组织条例》，进一步完善和发展了人民调解制度，把我国的人民调解工作推进到新的历史阶段。1991 年 4 月颁行的《民事诉讼法》第 16 条对人民调解作了更为明确的规定，并将原试行法的第 2 款改为"人民调解委员会依照法律规定，根据自愿原则进行调解。当事人对调解达

---

[1] 梁德超：《人民调解学》，山东人民出版社 1999 年版，第 46 页。

成的协议应当履行，不愿履行，调解不成或者反悔的，可以向人民法院起诉"。2002 年 9 月最高人民法院、司法部《关于进一步加强新时期人民调解工作的意见》（以下简称《关于加强人民调解工作的意见》）中，对人民调解在维护社会稳定，加强社会主义民主法制建设，实现国家长治久安所起的作用给予了充分的肯定，且强调了在新时期应进一步加强人民调解工作。同年，最高人民法院《关于审理涉及人民调解协议的民事案件的若干规定》（以下简称《关于审理人民调解协议的规定》）中进一步确认了人民调解协议具有民事合同的法律效力，明确了调解协议的有效条件以及人民法院审理涉及人民调解协议案件的办法。同年，司法部审议通过了《人民调解工作若干规定》，进一步明确和拓展了人民调解的工作领域，对新时期下加强人民调解工作制定了初步可行的规范性条文。2005 年 3 月，司法部正式将《人民调解法》列入部立法计划。2010 年 3 月，司法部提请《人民调解法（草案）》至国务院审议。2010 年 6 月 22 日至 25 日，8 月 23 日，全国人大常委会对《人民调解法（草案）》进行了 2 次审议。2010 年 8 月 28 日，经十一届全国人大常委会第十六次会议表决通过，《人民调解法》于 2011 年 1 月 1 日起实施。《人民调解法》是我国第一部专门、系统、全面地规定人民调解工作的法律。该法通过 6 个章节，对人民调解的性质与法律地位、人民调解的适用领域与调解纠纷的范围、调解委员会的组织形式与设置、调解员的产生方式与任职条件、调解工作的基本原则、基本步骤与工作方法、调解协议的法律效力等作了详细的规定。《人民调解法》的制定，标志着人民调解工作走上了法律化、制度化的发展道路。

第三章　人民调解制度与其他
民间调解制度的比较

第一节　ADR 制度概述

　　对于民事纠纷解决机制的研究，国外的研究深度和广度都超过了国内，特别是在非诉讼纠纷解决机制（ADR）方面更是有目共睹。自 20 世纪 30 年代以来，ADR 在解决民事诉讼纠纷领域发展迅速，成为民事经济纠纷解决机制新发展的表征。随着我国经济体制改革和政治体制改革的不断深入，社会主义市场经济体制的不断完善，我国的社会结构也发生了很大的变化，各种社会矛盾日益增多。当前，我国的社会矛盾和纠纷，大多属于民事纠纷的范畴，如果这些纠纷和矛盾的解决都依靠司法途径来解决，则我们的司法机关（特别是人民法院）就成了矛盾的集结点，这既造成了有限司法资源的浪费，而且也加重了司法机关和矛盾双方的负担。因此，应充分借鉴国外通过非诉途径纠纷解决的经验，完善我国人民调解制度，促进民间矛盾的化解和社会的和谐稳定。

一、ADR 的概念

ADR 是英文 Alternative Dispute Resolution 的简称，中文又可译为替代性（或选择性）纠纷解决方式、审判外（诉讼外或判决外）纠纷解决方式、非诉讼纠纷解决程序、法庭外纠纷解决方式等。"其概念原指 20 世纪逐步发展起来的各种诉讼纠纷解决方式，现在 ADR 已引申为世界各国普遍存在的、民事诉讼制度以外的非诉讼纠纷解决程序或机制的总称。"[1]由于 ADR 是一个总括性、综合性的概念，学者一般不倾向于对 ADR 作语言精确与逻辑严密的概念界定。目前，国际上对 ADR 应包括哪些程序制度仍存在很大分歧，对其内涵和外延还难以准确界定。因此，其定义也尚不十分严密和统一。例如，美国 1998 年《ADR 法》的定义是：替代性纠纷解决方式包括任何主审法官宣判以外的程序和方法，在这种程序中，通过诸如早期中立评估、调解、小型审判和仲裁等方式，中立第三方在论争中参与协助解决纠纷[2]。英国学者亨利·J. 布朗认为，ADR 系指任何作为诉讼替代性措施的程序，通常涉及一个中立第三方的介入和帮助。除非有第三方介入，谈判本身不是ADR。[3]欧洲一些学者认为，不经法院审理的督促程序都包括在 ADR 范围之内，并认为行政机关的纠纷解决程序也同样属于 ADR 之列。[4]

---

〔1〕 郭玉军、甘勇："美国选择性争议解决方式（ADR）介评"，载《中国法学》2000 年第 5 期。

〔2〕 王静："替代性纠纷解决方式（ADR）的当代发展"，载《农业与技术》2002 年第 6 期。

〔3〕 顾培东：《社会冲突与诉讼机制》，法律出版社 2004 年版，第 2 页。

〔4〕 [美]科塞著，孙立平等译：《社会冲突的功能》，华夏出版社 1988 年版，第 17 页。

　　在我国，学者们对于 ADR 也存在广义说和狭义说之别，广义说一般认为，ADR 指诉讼之外的其他各种解决纠纷的方法的总称。狭义 ADR 说认为，ADR 指诉讼和仲裁以外的纠纷解决方式的总称。国内有些学者之所以将仲裁排除在 ADR 之内，原因主要在于仲裁从性质上一般要求有仲裁协议为前提，从解决争议的方式上和诉讼一样有较为严格的程序要求，从结果上看，仲裁的结果是可以强制执行的，这些都与其他 ADR 类型有明显的不同。[1] 对于 ADR 的范围，普遍认为，采纳广义说更为合理。首先，从 ADR 的兴起背景来看，主要原因在于诉讼的缺陷日益明显，人们开始寻求诉讼外的纠纷解决方法，试图通过 ADR 来缓解诉讼机制存在的诸多弊端。其次，从认识角度着眼，我们更倾向于将 ADR 放在整个纠纷解决体系大背景下探讨 ADR 的范围问题，把 ADR 认定为一项对高成本、低效率等"瑕疵"的公共性救济和私人性救济产品的"替代或补充"的社会性产品。

　　定义 ADR，应将其置身于整个纠纷解决体系之中，如将现代的纠纷解决体系分为三个组成部分，即私力救济、公力救济、社会型救济，ADR 自然归于社会型救济范畴内，我们把 ADR 归纳为：世界各国普遍存在的、民事诉讼之外的非诉讼（同样排除私力救济）纠纷解决方式的总称，它以中立第三方的介入协助解决纠纷，包括仲裁和行政机关对于民事纠纷的裁决。

　　ADR 可分三类：①民间 ADR。例如我国的仲裁机构。又如

---

　　[1]　[日]棚濑孝雄著，王亚新译：《纠纷的解决与审判制度》，中国政法大学出版社 2004 年版，第 21 页。

日本的交通事故纠纷处理中心、美国的邻里司法中心等。②行政机构批准的 ADR。如消协、劳动仲裁等。③司法 ADR（又称法院附设 ADR）。即与诉讼程序相关联，或在法院主持下选择纠纷解决途径的制度。[1]

二、ADR 产生和发展的基础

"Alternative Dispute Resolution" 这个称谓正式出现，标志着 ADR 作为一项机制正式受到人们的重视并成为理论界和实践界关注的重点。"ADR" 这个称谓产生于美国 20 世纪 30 年代的劳动争议调解，此后便逐渐作为广泛的各种替代性纠纷解决方式的总体代称而沿用下来。事实上，美国也的确是 ADR 发展和实践比较成功而广泛的国家。"在美国的法律制度中，ADR 方法的宽度是令人吃惊的"，1998 年美国专门制订了《替代性纠纷解决法》（简称《ADR 法》），授权法院更多地开展 ADR 的实践。在英国 20 世纪 90 年代启动的以"接近正义（access to justice）"为主题的民事司法改革中，ADR 也受到了改革领导者沃尔夫勋爵的极力推崇。此外在诉讼状况一直稳定而理性的德国等大陆法系国家，ADR 同样得到了较为广泛的重视和推广，由此看来，称"ADR 浪潮正在席卷全球"并不为过。

（一）ADR 产生的法律背景

虽然西方早就有重视调解的思想，如流传很广的法谚："差一点的和解也胜过完美的诉讼"（Better a bad Settlement than a

---

[1] 龙跃牛："构建中国特色的司法 ADR"，载《湖北经济学院学报》2004 年第 4 期。

Successful Laws Suit），但自罗马法以来的西方法律传统，推行的主要是以判决为核心的纠纷解决方式，并建立了完备的民事诉讼机制，调解只是审判程序的一个附带的非正式解纷方式。在国家主权观念支配下，诉讼成为西方国家实现正义的前途与象征，公民权利的保障与社会秩序的维系均有赖于诉讼。这种状况从 20 世纪 70 年代发生了显著改变，体现在人们对权利保障的方式多样性的认识的加强及司法理念的更新，而且，论证纠纷解决非正式化的合理性已经得到了广泛的认可。西方学者认为"获得正义"是一种先于国家存在的自然权利，而自然权利仅仅要求国家不允许他人侵犯这些权利，并未要求国家通过积极行为施以保护，这与之前盛行的由国家公权力保护私权利的观念大相径庭。也就是说对于遭遇破坏的私权利，不光国家的公权力可以行使保护职能，也可由其他的合理性方式特别是取代民事诉讼的途径来救济。不仅在传统的东方法律文化中，力行"德治"、"息讼"，以"无讼"为理想，即使在西方法律传统中，诉讼也同样被视为一种"负价值"，并流传着各种谚语，例如"诉讼是一种必不可少的恶（a necessary evil）"，"诉讼会吞噬时间、金钱、安逸和朋友（Lawsuits consume time，and money，and rest，and friend）"[1]等。美国前总统林肯对律师所说的一段名言："劝阻诉讼吧。尽可能地说服你的邻居达成和解。向他们指出，那些名义上的胜诉者实际上往往是真正的输家——损失了诉讼费、浪费了时间。律师作为和平的缔造者，将拥有

---

[1]　［美］迈克尔·D. 贝勒斯著，张文显译：《法律的原则——一个规范的分析》，中国大百科全书出版社 1996 年版，第 37 页。

更多的机会作个好人"。政治思想与司法理念的转变，为 ADR 的产生播下了思想的种子，这是 ADR 方式产生的思想基础。

（二）ADR 产生和发展的社会基础

首先，经济发展，生活节奏加快，民商事交往日益频繁，要求迅速和平地解决争议。发展经济，是任何一个民族、国家都必须面对的中心议题。经济发展离不开资源的合理配置与有效利用，因此，市场参与者必须严格控制投资（主要是非生产性投资），增强成本意识，避免人力、物力和时间的无效投入。迅速地解决争议，使市场参与者控制交易成本和诉讼成本，把有限的资源投入到生产中，同时参与新的民商事交易。选择性争议解决方式为当事人创造了一种非对抗性的氛围来解决争议，不仅能使他们更理智地解决问题，而且也能为继续交往创造和谐的气氛。从这个意义上说，ADR 也是一种沟通的技巧，排除了诉讼中"赢了官司却输了关系"的弊端。

其次，传统诉讼体制在现代条件下越来越显露出种种缺陷，客观上也成为选择性争端解决方式得以兴起发展的催化剂。民商事和刑事的法律诉讼剧增，导致法院诉讼案件充斥和堆积。当代的美国法律辞典在"民事司法程序"条目中指出："值得特别提及的是在民事法庭中发现的积案问题。存在积案的原因在于不断增加的新诉讼超过了法院处理案件的能力。这种状况已经持续多年了。由于不存在如检察官那样的人员对新案进行筛选工作，这一问题愈发严重"。据说，"在芝加哥法院审理的是 8 年前起诉的案件，在纽约，如果要及时审结所有案件，每个案子只能审理 17 分钟。另外，由于刑事案件的增加，民事案件只能暂放一边，在过去几年里，有 10 个州的法院不得不暂时停止审理民事案件，更造成民事案件的冗积"[1]。加之诉讼程序复杂、拖沓，使纠纷的解决延缓。当事人为参与诉讼，为此还必须支付昂贵的律师费、诉讼费和其他费用，成本支出高。法院本身也有不适当之处：在某些领域缺乏专门知识、复杂的程序有时模糊甚至转换争议焦点所在、当事人对某些复杂程序难以理解、诉讼的对抗不仅使当事人难以心平气和地解决争议，而且破坏了他们之间的合作关系。美国最高法院助理法官桑德拉·迪·奥康纳尔（Sandra Day O'Connor）认为，"这个国家的法院不应该是开始解决争端的场所，而应该是经选择性争端解决方式考虑和尝试以后结束争端的地方"[2] 20 世纪以来迅猛发展的现代的 ADR 以及与其融为一体的传统代替性纠纷解决方式，之所以在短时期内能够取得如此快速的扩展和推进，得到如此广泛的认同，直接的原因或推动力恰好是来自诉讼与司法制度本身。当前，在其他西方国家，尽管情况没有这样严重，但也出现了同样的忧虑和利用 ADR 作为对策的趋势。而且，即使法院面临的压力还没有达到超负荷的境地，未雨绸缪也不失为明智之举；何况，法院的压力是相对的，在改革开放的今天，我国法院面临的诉讼增加的压力实际上已不亚于美国。更重要的是，节约司法资源对于一个社会而言，永远都是有意义的。而且，诉讼之结果总和为零——一方胜诉，另一方败诉。选择性争议解决方式则可使双方得到均满意的结果，总和大于零。

---

[1] 岑雅衍、金一波："ADR 的法律探析"，载《宁波大学学报》1995 年第 3 期。

[2] ［美］歇沃尔兹著，李启欣译：《美国民商事争端之选择性争端解决方式评介》，载《现代法学》1997 年第 3 期。

再次，作为一种新兴技术之所以能够迅速走俏，也在于其本身具有这样那样的优点，这是 ADR 魅力的内在动因。ADR 比传统的诉讼更快更节省，与诉讼的近乎一成不变相比，ADR 更有创造性，可以有效地解决问题，减轻法院的负担；ADR 方法能使程序具有开放性和弹性，更能体现参与者的意志；诉讼是公正审判的途径，但不应是正义的唯一发源地，它能够由正直的参与者遵循公正的意旨来实现，因此 ADR 方法拓宽了正义的获得途径；ADR 方法能导致更符合当事人要求的法律结果，更有效地保护个人秘密（尤其是商业秘密与技术秘密）；另外，ADR 程序还能使社区参与到争议解决中去，充分利用社会资源。

最后，行政管辖权的扩张亦是 ADR 技术兴起并发展的因素之一。20 世纪以来，国家经济管理职能强化，加强了对社会经济生活的干预。行政权在强化对经济生活的干预力度上膨胀，并使其触角延伸到传统的私法领域，"出现了私法公法化的趋势"。原来的私法问题也开始被赋予公共利益性质，行政权由此介入到传统的私法关系中。美国近几十个独立管制机构和英国的 2000 多个行政裁判所各自分享着一定范围的司法权。日本于一战后成立了公平交易委员会、公害调整委员会等纠纷解决机构。行政裁判机构简便灵活的程序、经济的成本支出、具有专业知识的裁判员、迅速及时的裁决无不与传统的诉讼形成鲜明的对照。这也增加了当事人实现其权利的机会。

三、ADR 的特征

关于替代性纠纷解决方式（ADR）的特征，不同学者有不同的认识。有学者认为"ADR 一般没有固定的程序，它根据简易、方便的原则介入纠纷的处理；纠纷解决也没有固定的模式，当事人可以根据争议的具体情况选择合适的解决方案，表现出较大的灵活性，这与民事诉讼程序的严格性、复杂性、高成本性及迟延性相比，显现出较大的优越性。"[1] 也有观点认为"ADR 可以充分尊重当事人的意思自治。因为在 ADR 解决纠纷的过程中，对民事权利的处分，当事人拥有决定权；选择何种方式解决纠纷，当事人有自主选择权。在适用 ADR 解决纠纷中，当事人只要不违反法律强制性规定，不违反社会公共利益，可以自主确定纠纷的解决方案，任何人都不能加以强制，这既有利于解决纠纷，又能体现当事人的主观意愿，与诉讼裁决的严肃性相比，ADR 更能体现对当事人意思自治的尊重。"[2] 笔者经过分析总结，认为 ADR 的主要特征包括以下三点：

1. 当事人与纠纷解决者之间是一种相互平等的关系。ADR 解决纠纷，由于当事人对以何种方式解决纠纷有较大的选择权，故主持或参加纠纷解决者并不存在诉讼中法官具有最终裁决权的地位，他们主要是协调纠纷双方的关系，使纠纷双方的观点趋同，最后达成一致，从而解决纠纷。故 ADR 解决纠纷更多赖于当事人对权利的处分和合意的形成，而不是纠纷解决者的决断。因此，当事人与纠纷解决者之间的地位具有平等性。

2. 纠纷解决的过程具有平和性，结果具有互利性。由于 ADR 解决纠纷的主要方法是在第三方斡旋下的协商，较之法院审判和诉讼程序中那种双方唇枪舌剑、针锋相对的对抗方式，

---

〔1〕　范愉：《非诉讼程序（ADR）教程》，中国人民大学出版社 2002 年版，第 90 页。

〔2〕　罗先明："大调解机制在四川"，载《长安》2009 年第 11 期。

更具有友好的色彩，整个过程和结果更平和，结果对双方都更有利，更有利于维护双方之间长远存在的经贸交往和人际关系。正如学者指出的，"这是当代世界对 ADR 价值最为认同的一点，也是 ADR 显而易见的优势。"[1]

3. 纠纷解决结果不具有终极性。ADR 能以平和方式解决大量的民事和经济纠纷，使纠纷双方矛盾化解、关系持续。但 ADR 与诉讼的一个主要区别在于 ADR 解决纠纷的结果一般是非终极性的（民商事仲裁除外），纠纷双方达成的协议，主要靠义务一方自觉履行义务，"如一方不履行，则没有法院裁决的结果那样具有强制执行力，而是可能要重新通过诉讼途径加以解决。"[2]因此，非终极性的特点也是一些纠纷的当事人不选择 ADR 作为纠纷解决途径的重要原因。

四、ADR 的发展趋势

国外 ADR 的有效运作在很大程度上取决于社会的自治化程度和社会对自治性纠纷解决方式的认同。总的来说，国外 ADR 的发展趋势主要表现在以下多方面：一是社会对 ADR 逐步接受，并成为纠纷解决的有效手段之一。以日本为例，日本在现代化过程中之所以建立调停制度，是"出于对传统的妥协，试图在现代的、外来的移植法与传统的社会之间建立起一座过渡性的桥梁，以缓和对新法的抵抗"。[3]但随着这项制度的引入，

---

〔1〕 李刚：《人民调解概论》，中国检察出版社 2004 年版，第 34 页。

〔2〕 范愉：《纠纷解决的原理与实践》，清华大学出版社 2007 年版，第 542 页。

〔3〕 范愉：《非诉讼程序（ADR）教程》，中国人民大学出版社 2002 年版，第 79 页。

日本 ADR 逐步成为化解纠纷的主要方式之一。二是 ADR 的发展逐步细化和多元化。ADR 作为非诉讼程序的总称，在其发展过程中，其服务领域将逐步拓展到社会生活的各个领域，现在各国 ADR 广泛应用于社会性矛盾如医疗纠纷、消费领域纠纷、交通事故调解等。三是 ADR 法制化和规范化程度不断提高。在尽可能保留 ADR 以自由合意为基础的灵活性和便捷性优势的同时，规范化、法制化发展则是各国 ADR 发展的普遍趋势。美国、日本、德国、澳大利亚等都颁布了法律，对调解、调解当事人、调解程序做了比较完善并具有可操作性的规定，并有组织有系统地将调解纳入了司法制度。

第二节　各国 ADR 制度简述

在法制化程度较高的国家，在诉讼程序之外，根据纠纷解决的需求，对纠纷解决机制进行了整体设计。"在 ADR 制度盛行的国家，人们把诉讼外调解组织称为贫民法院，而把调解员称为贫民法官、布衣法官。"[1]作为纠纷解决的非诉讼机制，不同的国家显现出各自的特点和不同的发展格局。相对而言，现代型非诉讼纠纷解决机制的代表国家是美国、德国和日本。

一、美国的 ADR 制度

1990 年，美国出台了《民事司法改革法》，以联邦议会立

_____

〔1〕 范愉："当代中国非诉讼纠纷解决机制的完善与发展"，载《学海》2003 年第 1 期。

法的形式对推广非诉讼纠纷解决机制做出了明确规定。1998 年
10 月，美国《ADR 法》授权联邦地区法院制定具体规则。

目前，仲裁和调停是美国 ADR 的两种主要形式。仲裁是当
事人依仲裁协议委托美国仲裁协会解决纠纷，调停则是由富有
经验的第三人居中调处，解决纠纷。民间调解方面，美国联邦
政府在 20 世纪 60 年代资助设立了全国性的"近邻司法中心"
（Neighborhood Justice Center）。与此同时，在各地也出现了积极
建立代替性纠纷解决方式的趋势。在州政府、教会、慈善团体
和其他地域组织的资助下，各地纷纷设立了社区调解中心。到
70 年代，"纠纷解决中心"（Dispute Resolution Center）开始兴
起。"加利福尼亚州设置有公共援助中心（Center for Public
Resources，CPR）是美国最著名的 ADR 公司之一，目前已有超
过 3000 家公司以及 1500 家律师事务所加入该组织。"[1]

（一）美国 ADR 的机构设置和发展

20 世纪以后，为了适应经济社会快速发展的需要，美国先
后成立了许多机构和组织致力于推进 ADR。这些机构和组织主
要有：1929 年成立的美国仲裁协会（American Arbitration Associ-
ation，AAA），30 年代成立的商事改善机构（Better Business Bu-
reau，BBB），1968 年成立的近邻司法中心（Neighborhood Justice
Center）和全国纠纷解决中心（National Center for Dispute Settle-
ment，NCDS），以及 1979 年成立的公共资源中心（Center for
Public Resources）和司法仲裁调解机构（Judicial Arbitration and

---

〔1〕 [日] 兼子一、竹下守夫著，白绿铉译：《民事诉讼法》，法律出版社
1995 年版，第 3 页。

Mediation service，JAMS）等。美国 20 世纪 60 年代末急速发展的 ADR 多为非营利性组织机构所创立，例如美国仲裁协会。在全国设有 35 个办事处，每年处理约 6 万件纠纷。

70 年代中期以后，在美国开始出现一些专门解决商事纠纷的营利性 ADR 机构，并在 80 年代获得飞速发展。各州法院附设的 ADR 是在 80 年代中期以后开始激增的。各州纷纷通过立法推动 ADR 的发展和利用，仅 1989 年就制定了 34 个与 ADR 有关的州法，而提出的法案则超过 140 件。70 年代到 80 年代，部分联邦法院开始尝试建立法院附设 ADR。1990 年制定的《民事司法改革法》堪称美国 ADR 发展史上的重要里程碑，它以联邦议会立法的形式对改革民事诉讼程序和推广 ADR 作出了明确规定。这次改革被称为历史上第一次"基础性的改革"（grass-roots reform）。该法令要求美国所有的联邦地区法院制定改革计划，即"减少费用及延迟计划"（expense and delay reduction plan）。为此，各法院都把 ADR 的利用作为改革的重要组成部分。同时，确定了 5 个地区法院为试验法院（demonstration district）和 10 个先导法院（pilot district）作为民事司法制度改革的试点。要求其中 13 个法院采用 ADR，从而开始在全国的联邦法院范围大规模地推广应用法院附设 ADR。目前，实际上所有法院都在不同程度上采用了 ADR，以致 ADR 已经被称为"美国民事诉讼中不可缺少的部分"。

（二）美国 ADR 的形式

因美国 ADR 方法名目繁多，理论界对 ADR 的分类方法亦不尽相同。就形式而言，与民事诉讼程序相互衔接的美国 ADR 可以分为两大类，一种是"基本的"（Primary）替代性纠纷解决方式，在全国各地普遍应用；另一类称之为混合性纠纷解决程序（Hybrid Dispute Resolution Procedures），属于某些法院所独创，后在部分地区法院实行的代替性纠纷解决方式。本书分别作以简要介绍。

美国"基本的"（Primary）替代性纠纷解决方式包括：

1. 调解（mediation and conciliation）。调解体现了中国古代和为贵的思想，与充分体现个人主义法律思想的美国对抗制（adversary system）诉讼有很大区别。在美国，调解依据启动方式可分为合意型和强制型两类，其中合意型调解可由当事人直接申请，亦可由法院指定进行。其主要做法是：双方当事人在一个中立第三方的帮助下，解决他们之间的纠纷。调解是以纠纷双方自愿为基础，在调解过程中，调解员从不得将自己的意愿强加给双方，其工作是促使双方保持交流，通过双方妥协达成协议来解决纠纷。为了使调解获得成功，有经验的调解员一般采用以下五个步骤对双方进行调解：①调解员使双方对调解的程序事项达成一致，比如双方宣布他们自愿参加调解，确定谈判的时间和地点，签订一个正式的带有机密性的协议等。其目的在于使之前一直处于冲突状态的双方开始说"YES"。②双方交换基本观点。在调解员的主持下，由双方当事人面对面地互相交换意见。其目的是让各方第一次听到对方完全的、不被人打断的观点陈述，使得双方当事人看到事物的两个方面，让他们感觉到对自己的最初观点做一些让步是必要的、合理的。③如果双方同意采用会议式程序进行调解，调解员就以秘密的私人会议方式与各方会见，并开始寻找解决办法，通过"穿梭外交"找出双方看不到的或双方不便直接公开提出的弹性区域。

④当双方当事人之间要求的差距开始缩小，调解员则会带着各方的要约和反要约往返于双方之间，或双方重新坐在一起相互交换意见。⑤最后，若双方同意解决草案，双方会正式确认他们对解决草案的理解，并完善最后的细节，然后签订调解协议。

提到美国 ADR 之调解程序，就不能不介绍一下著名的被称为"丝绒锤"（Velvet Hammer）的"密歇根式调解"（Michigan Mediation）。此方式首先在密歇根州被采用。该州法院有一份由律师组成的调解员名册，在纠纷进入调解程序后，首先由双方当事人在名册中各指定一名律师做调解员，这两名律师再选出第三名律师作为调解员，三人组成一个临时的调解庭。然后，调解庭安排调解听证时间、地点，并通知双方在听证前10天把相关文件及各自对案件事实和法律适用的简要叙述提交各自指定的调解员。在听证过程中，律师可以为自己的当事人辩护，调解员在听证10天后必须作出裁决，当事人双方必须在收到裁决20天内做出接受或拒绝的表示，逾期将视为接受。若双方都接受裁决，则交付执行。如果任何一方拒绝该裁决，就会立即进入正式诉讼程序，并把该调解结果密封保存，等待法院判决结果。如果法院作出的判决结果不超过或不低于原裁决的10%，则调解及诉讼费用由各方自负；如果判决数额高于原裁决的10%，所有的调解和诉讼费用甚至律师费用由被告承担；如果判决数额低于原判决的10%，则上述费用由原告承担。此规定的目的是对拒绝调解裁决的惩罚。

2. 仲裁（Arbitration）。在某种程度上说，仲裁更接近传统意义上的诉讼，即由一个中立的第三方听取双方的辩论，然后作出一个最终的对双方均有约束力的裁决，且法院可对此裁决强制执行。在美国，仲裁很早就在劳工和管理纠纷中长时间的运用。近年来，越来越多成功的记录表明，仲裁方式对解决商界及其他领域的纠纷中发挥了重大作用。尤其是近年来在加利福尼亚州北部地区法院和宾夕法尼亚州东部地区法院首创的"法院附设仲裁"（Court Annexed Arbitration）的方式。该仲裁的特点是不以当事人双方的仲裁契约为前提，当事人亦不受仲裁裁决的约束。加州法院的做法是：标的在10万美元以下的民事案件，必须经过法院附设仲裁，即强制仲裁。仲裁庭是从律师和退休法官登记的名册中选出1~3人组成，仲裁一般在律师事务所进行，审理终结后10~14日作出裁决并向法庭报告。如果当事人在作出裁决后30日内仍坚持要求开庭审理，则仲裁无效；若不提出该要求，则仲裁裁决与法院判决有同等效力。宾州的做法是：仲裁在法院进行，而且是在法庭上进行仲裁。与加州法院仲裁最重要的区别是：如果申请开庭审理的当事人没有得到比该仲裁更为有利的判决，则要负担对方当事人从申请审理以来的包括律师费在内的一切费用。[1]80年代以来，美国有相当一部分联邦法院进行了法院附设仲裁的试点。1993年，美国众议院通过了在所有联邦地区法院扩大实行强制型法院附设仲裁的法案，因律师协会的反对未获得参议院通过。目前，法院附设仲裁仍属实验中的制度。

美国"混合性"（Hybrid）纠纷解决方式包括：

1. 调解—仲裁（Med-Arb）。"调解—仲裁"，是将调解与仲

---

〔1〕 贾连杰、陈攀："从美国的 ADR 看我国诉讼调解的困境与出路"，载《河南省政法管理干部学报》2000 年第 1 期。

裁结合在一起的一种模式。在此程序中，一般由同一位中立第三方作为调解人，帮助当事人双方缩小差距或分歧，并促使他们达成协议或者形成双方都可以接受的和解结果。一旦调解失败，便进入仲裁程序，由仲裁员作出具有终局性约束力的裁决。需要说明的是，仲裁员可由原来的调解员担任，也可以另聘一位新的仲裁员。这种模式的优点一是融合了纯粹的调解与仲裁的优势，二是可以由同一位中立第三人既作为调解人又作为仲裁员，更熟悉当事人双方争议之症结所在，有助于尽快解决纠纷。

2. 早期中立评价（Early Neutral Evaluation）。早期中立评价是加利福尼亚州北部地区法院在 1985 年所创建，是一种用于鼓励纠纷当事人面对面交流并评估各自诉讼立场的秘密程序。其目的在于：在诉讼的早期阶段为当事人提供关于案件的现实评价，以促进当事人和解。

早期中立评价的具体程序是：纠纷双方当事人在提起诉讼后 150 天内，选择在纠纷所涉领域内具有良好专业能力的专家作为中立评价人，由双方当事人向评价人发表事实上的理由和法律上的主张。评价人听取双方当事人的意见后，确定主要的争议焦点，并确定无争议事实的范围，如果当事人要求，还可适用调解。如果双方无法达成合意，中立评价人则作出无拘束力的判定。

早期中立评价的特征：①中立评价人一般由法院提供的资深律师担任；②中立评价人的作用是对纠纷的争议焦点作出客观的评价，带有很强的专业指导性；③早期中立评价的程序上比调解更正式；④中立评价人的信誉和能力对此程序影响较大，如果当事人确信中立评价人是公正和广见博识之人，则和解的可能性会增加。

3. 小型审判（Mini Trial）。小型审判一词源自《纽约时报》（New York Times），是 1977 年为解决两个企业间之纠纷而创立的一种和解促进方式的称谓。小型审判是一种综合谈判交涉、中立评价、调解以及裁判等程序而构成的和解程序，属于典型的"混合性"（Hybrid）的 ADR。其基本做法是：由双方当事人选任的中立建议者（neutral adviser）（多从退休法官和资深法庭律师中产生）组成小型审判组主持。在整个程序中，双方当事人要由有决定权的高级主管人员参加。审判组负责宣布程序的相关规则，双方当事人在指定的听证日期内陈述案情。听证结束后，双方可以先自行和谈，尽量寻求解决办法。如有必要，中立建议者可对此纠纷一旦到诉讼揭短会产生什么样的判决结果发表个人意见，此意见虽无约束力，但却有很高的参考价值。在此之后，双方可以再次协商解决。如果双方和解成功，小型审判组就根据和解结果制作判决书，该判决书具有法律约束力。如和解失败，则进入正常诉讼程序，但在正式庭审中双方均不得引用小型审判中对自己有利的对方陈述。

根据美国司法部《联邦法院诉讼中替代性纠纷解决方法适用指南》的介绍，小型审判对于解决以下纠纷最为有效：①在因一方当事人对他方当事人及其实力估计过高而导致谈判陷入或即将陷入僵局时；②存在着某些重要政策问题，而决策者的面对面对话有助于解决这些政策问题时（在缺乏中立第三人介入之场合）；③属技术性纠纷，且决策者与中立第三人对纠纷问题具有专业知识时；④中立第三人所拥有的专业证书有助于纠纷案件时。

小型审判的特征：①它不是以法官和职业法律家为中心，而是以当事人为主角；②整个程序是不公开的，有利于保护当事人的商业秘密；③程序规定了和解达成的最后期限，不会造成拖延；④因参加者本身具有决策权，有较高和解率及履行率。

4. 简易陪审团审判（Summary Jury Trial）。简易陪审团审判是由俄亥俄州北部地区联邦法院的法官 T. 朗布罗斯（T. Lambros）在 1981 年创立的。与正式的审判比较相似，也有法官、陪审员和其他法院工作人员参加，通常在法院以不公开的形式进行。该程序主要适用于侵权损害赔偿诉讼、多方当事人诉讼及反垄断的诉讼。其具体过程是：①在证据开示（discovery of evidence）程序完成后，审判开始前 3 天，律师向法院递交纠纷有关焦点问题的总结，并从法院提供的陪审员名册中指定陪审员组成陪审团。在指定陪审员时应当附送一份案件情况报告书。②由律师向陪审团出示证据，可以总结有关证人证言（为节省时间，此程序限制证人出庭作证及对证人进行口头询问），并向陪审团陈述。其中律师关于事实的陈述，必须援引经过开示的证据。③陪审团听取双方律师陈述和总结发言后，退席评议后作出裁决。该裁决可以是合意裁决也可以是个别或单独裁决。作为律师有权选择合意裁决或个别或单独裁决。如果选择合意裁决，法庭可以以此为基础作出有法律约束力的判决；如果是要求作出个别或单独裁决，此裁决可作为纠纷双方和解的基础。

简易陪审团审判的特点是：①整个程序由法院主持，法官处于核心地位，在程序的后期，实际上已经转化为职权式的简易程序；②法官在讨论结束后作出的裁量并无强制性约束力，当事人如果达成和解，则形成和解协议；如果达不成和解，则不受限制地进入审判程序；③其性质和功能属于评价性 ADR，通过向当事人预测评价法院判决的结果，促使其作出决断；④因减少了对抗程序且不公开而具有 ADR 的一般长处；⑤对陪审团的利用是其突出特征。

5. 私人审判或"租借法官"（Private Judging or Rent-a-Judge）。私人审判或"租借法官"是当事人根据法庭规则，在法庭提供的特定名单上挑选收取报酬的中立者（多为退休法官）进行裁判并解决纠纷的办法。该程序上类似于小型审判，由"租借法官"主持一个与正式审判程序相似的审理过程，为当事人提供一个举证和辩论的机会，并由"租借法官"做出一个包含事实判断和法律依据的判决。该裁决因当事人的事先约定而具有法律约束力，当事人如不服只能上诉。

6. 中立专家（Neutral Experts）事实发现（Fact-Finding）。中立专家事实发现是一种非正式的程序，法院在证据开示程序完成后，根据案情决定是否聘请专家。该专家的任务是作为中立第三方对案件进行事实调查、收集证据，最终作出一份书面的无约束力的专家意见（报告或证明），或作为中立证人出庭作证。此程序一般适用于复杂的涉及技术问题的案件（尤其是知识产权纠纷）。中立专家的意见或证明可以向当事人提供一种关于事实的客观评价，其结果可以影响当事人和法院对事实的判断，并在经过交叉质证后可能被法院接受为有效证据。

7. 和解会议（Settlement Conference）。和解会议是在法官主持下促使当事人达成和解的一种形式。和解会议在法官办公室举行，主持人可以是法院专门设立的调解法官或法院聘请的退

休法官或律师。但是该案的主审法官不得参与和解会议。和解
会议与各种 ADR 方式相互结合，使得美国只有 5% 的提交诉讼
的案件真正走到审判程序，其余 95% 则在审判程序前就被解决
了，这样，将"诉讼"作为"替代"，而将这些其他纠纷解决
过程作为"正常情况"。[1]美国 ADR 方式被广泛地融入到现代
的司法结构之中，不仅如此，大量的替代性方法是通过立法程
序创立起来的，从而使当前解决纠纷的替代方法制度化这一趋
势得以强化。[2]

二、英国的 ADR 制度

在英国，以 ADR 方式解决劳动纠纷虽然有着悠久的历史，
但长期以来，保守的英国司法界对 ADR 制度的态度一直不积
极，官方、民间的机构对 ADR 的支持力度也相当有限，没有形
成 ADR 制度的发展氛围。因此，20 世纪六七十年代兴起于美国
并在世界各地不断扩展的 ADR 制度在英国却一直发展平平。一
直到 20 世纪末期，英国的 ADR 制度的发展态势才日渐强势，而
这与英国的民事司法改革不无关联。

（一）英国的司法改革

从 20 世纪 90 年代起，ADR 开始在英国受到各界普遍的关
注，这一转变与英国的司法改革息息相关。20 世纪末多数西方
国家所遭遇的"司法危机"在英国同样症状明显，主要表现为：

---

〔1〕〔美〕克丽斯蒂娜·沃波鲁格："替代诉讼的纠纷解决方式'ADR'"，载
《河北法学》1998 年第 1 期。
〔2〕〔美〕彼得·G. 伦斯特洛姆著，贺卫方等译：《美国法律大辞典》，中国
政法大学出版社 1998 年版，第 230 页。

程序繁琐、诉讼拖延及耗费过大。虽然从 20 世纪起英国就一直试图对民事诉讼进行改革，但是成效一直不太理想，司法危机没有得到有效缓解，迫切需要一场司法领域的彻底的大变革。在这样的背景下，1994 年，英国司法大臣任命沃尔夫勋爵（Lord Wolf）开启此项改革。沃尔夫勋爵经过广泛调研之后，针对英格兰和威尔士的民事司法改革，于 1995 年 6 月和 1996 年 7 月分别发表了题为《接近正义》（Access to Justice）的中期报告和最终报告。该报告详细阐述了司法改革的背景、目的、未来方向及具体的改革建议。1998 年，英国制定了新的《民事诉讼规则》（Civil Procedure Rules 1998），并于 1999 年 4 月 26 日生效。新规则吸收了沃尔夫勋爵报告的核心内容，改进了英国关于正义的传统哲学理念、颠覆了传统诉讼当事人的平等对抗观念，提出全新的法官职权管理的理念，并有一系列创新的制度建树。有学者评论，《民事诉讼规则》是英国近百年来全面反思民事司法制度、酝酿大变革所取得的跨世纪的成就。[1]英国民事诉讼改革的基本目标是确保法院公正审理案件。这一目标既反映在沃尔夫勋爵的改革报告中，同时也是《民事诉讼规则》的第1.1条的具体规定。由此，英国民事诉讼进行了一系列的制度变革，主要体现为：加强法官对案件的管理，引进了案件管理制度，改变了法官消极被动的局面，法官可以对程序实施积极地管理，推进诉讼进程；简化诉讼，高等法院和郡法院统一适用新的诉讼规则，控制证据开示制度，缩短诉讼时间，提

---

〔1〕 徐昕：《英国民事诉讼与民事司法改革》，中国政法大学出版社 2002 年版，第 469 页。

高诉讼效率；鼓励当事人采用 ADR 方式解决纠纷，尽可能避免诉讼，减少诉讼的对抗性，寻求合作。由此看来，英国的司法改革从理念到制度上都与 ADR 制度息息相关，也正是有了司法改革的契机，使得 ADR 制度在英国得以蓬勃发展。

（二）英国 ADR 的实践

1. 行政法庭。英国在纠纷解决方面有一个重要的举措，是赋予行政机关准司法职能。建立了形形色色的行政法庭（administrative tribunals），负责审理基于行政法规而发生的案件。据统计，目前英国各类行政法庭有两千多个，大致分为以下几类：①不动产方面，如土地法庭（Lands Tribunals）、农业土地法庭（Agricultural Land Tribunals）、租金裁定法庭（Rent Tribunals）等；②公民福利方面，如国民保险法庭（National Insurance）、工伤事故法庭、国民卫生服务法庭、医疗上诉法庭等；③运输方面，如交通管制委员会、运输法庭、铁路运河委员会（Railway and Canal Commission）等；④工业与就业方面，如工业法庭（Industrial Tribunals）、劳资法庭等；⑤外国人入境事务，如入境申诉法庭；⑥其他，如专利上诉法庭、商标上诉法庭、增值税裁判所、纪律处罚法庭（Domestic Tribunals）等。目前，各种行政法庭每年审理的案件多达数以百万计，极大的缓解了诉讼压力。

行政法庭的成员可以不是法律专家，也不一定受过专门的法律训练，但他们必须是所处理案件方面的专家，要求纠纷双方参与纠纷的处理。例如，农业土地法庭要求有地主和农民参加；医疗上诉法庭必须有医生参加等等。行政法庭程序简便、非形式化，审判较少拖延，费用低廉。由于在促进和解方面的态度十分积极，行政法院的和解率也非常高，因此很受当事人欢迎。

行政法院在纠纷解决中主要适用行政法规，并拥有较大的自由裁量权。为了对这种行政性纠纷处理的裁量进行制约，允许当事人在不服行政法庭裁决时向高等法院上诉。

2. 案件管理制度。案件管理制度，是指法院通过对案件进行分配管理，促使当事人采取 ADR。法院在认为适当时，可以鼓励当事人采取替代性纠纷解决程序，并促进有关程序的适用；可以协助当事人就案件实现全部或部分和解（英国《民事诉讼规则》第 174 条）。当事人在提交案件分配调查表时可以书面请求法院中止诉讼程序，法院也可以依职权中止诉讼程序，由当事人尝试通过替代性纠纷解决方法解决争议（英国《民事诉讼规则》第 264 条）。

3. 诉前议定书制度。诉前议定书制度是指当事人在提起诉讼之前，须就双方能否实现诉前和解进行积极的对话、磋商、探讨，交流相关信息。此制度要求原告在起诉前要书面告知被告其将被提起诉讼，而且在此书面通知送达 3 个月后才有权提起诉讼。如果当事人没有遵守诉前议定书的规定进而导致引发诉讼，则会在后续的诉讼费用和利息等方面受到法院的以下制裁：如果是过错方胜诉，也要承担相应的诉讼费用；如果是有过错的原告胜诉，法院还可减少或取消其应得的损害赔偿金的利息；如果是有过错的被告败诉，法院可在基本利率的 10% 幅度内增加原告获得的损害赔偿金的利息。[1]规则规定了多种诉前议定书，包括医疗过失、人身伤害、建筑及工程争端、诽谤、

---

〔1〕 齐树洁：《英国民事司法改革》，北京大学出版社 2004 年版，第 367 页。

专家责任和司法审查诉前议定书等等。另外，如果纠纷不属于现有诉前议定书的范围，当事人也可以按照诉前议定书制度的精神，积极进行诉前合作，寻求案件的诉前解决。

诉前议定书制度使法院的案件管理范围从当事人提起诉讼之后的审判阶段，延伸到诉前阶段。法官通过对潜在当事人的诉前阶段进行积极管理，某种程度上控制了当事人的诉前行为，使诉前这一环节纳入法官管理的视野，尽早考虑通过和解解决纠纷。

诉前议定书制度的关键在于，一方面通过诉前的信息交换与交流，创造一种平等合作的气氛，加强当事人之间的合作，使当事人充分考虑比诉讼更经济、更具效率的纠纷解决方式，尽可能促成彼此的早期诉前和解，力争尽早解决纠纷；另一方面即使没有达成诉前和解，也能够通过信息的交换使当事人提前明确案件的争议焦点及了解双方证据的强弱，为后续的诉讼程序作了充分准备，加快随后展开的诉讼程序的进行，提高诉讼效率。使当事人树立正确的诉讼态度，即在穷尽所有诉讼外纠纷解决方式的情况下，将诉讼作为解决纠纷的最后一道防线，作为最终的权利救济手段。

4. 诉讼和解制度。诉讼和解作为与法院密切关联的一种诉讼外纠纷解决方式，随着20世纪末期的司法改革的到来，越来越受到关注，并作为解决司法危机的重要方案被广为采用。据调查，由于当事人基于风险和成本方面的考虑以及法院在促进和解方面的积极态度，英国法院的和解率非常高，约有80%～90%的民事案件在法院是以和解结案的。[1]为了促进诉讼和解

---

〔1〕　朱景文:《比较法导论》，中国检察出版社1992年版，第68页。

尽快解决纠纷，英国《民事诉讼规则》第 36 章专门规定了和解要约及向法院付款的相关内容。规则规定：当事人可在诉讼的任何阶段提出书面和解要约，当然也可以在上诉程序中提出。和解要约的内容比较灵活，可以是全部的诉讼请求，亦可以是部分的争点，还可以是诉讼程序中的任何事项。和解要约既可以由原告提出，也可以由被告提出，而且除诉讼费用外，要约被视为"不受损害"。和解要约一般不迟于开庭审理前的 21 日提出，受要约人可在自要约人提出要约的 21 日内，承诺接受，无须经法院的批准。如是延期提出和解要约的，非经法院许可不得承诺接受，但关于诉讼费用承担的协议除外。

一般情况下，和解应该在诉讼的早期阶段进行以避免使案件进入正式的开庭审理。法院有义务向当事人提供关于诉讼外纠纷解决方式渠道的相关信息，而且法院在当事人进行诉讼和解的过程中有引导、协助的义务，但和解仍旧以当事人合意为前提，不能进行强制。如英国《民事诉讼规则》第 264 条规定，当事人在完成案件分配问题表并提交法院时，可通过书面形式请求法院中止诉讼程序的进行，由当事人尝试通过可选择争议解决方式或其他方式解决纠纷，所有当事人皆申请中止诉讼的，法院将责令诉讼中止，法院亦可依职权自行中止诉讼。诉讼中止期间一般不超过一个月，法院酌情可延长，甚至可多次延期。[1] 当事人的诉讼和解最终以合意判决的形式记录，由当事人亲自来法院取得合意判决或者将合意判决记录在法院案卷上，

---

〔1〕　徐昕：《英国民事诉讼与民事司法改革》，中国政法大学出版社 2002 年版，第 143～144 页。

因此具有相应的法律效力。当事人将和解条件体现在法院的裁决上有两种途径，一种是申请法院把和解事项记载在裁决上，这是常用的裁决形式，具有强制执行力；另一种是申请所谓"Tonilin"裁定，这种裁定的内容为："鉴于原告与被告已就附件上载明的条件达成协议，因此本院命令除有关执行这些条件的程序外，进一步的程序一律中止进行"。如果一方当事人不遵守和解条件，执行程序要分两步进行，一是对方当事人要向法院申请裁定，即违反和解条件的当事人应履行和解协议项下义务的裁定；二是如果对方坚持不按照裁定履行的话，才申请法院强制执行。[1] 当然，在很多情况下，当事人一般会自动履行和解协议，而不会涉及到两步的执行程序。

5. 诉讼费用制度与法律援助制度。为敦促当事人慎重考虑适用诉讼和解，英国《民事诉讼规则》还将诉讼费用制度作为和解的激励措施，以经济杠杆来调控诉讼和解的适用。一是诉讼费用制度，根据《民事诉讼规则》第 36.10 条规定，如是一方当事人在诉讼程序启动前提出和解要约的，法院在做出有关诉讼费用的命令时，应考虑有关当事人提出的和解要约。如果法院认为假如当初当事人接受了对案件选择适用 ADR，案件就可能达成和解，那么即使该当事人在判决中胜诉，法院仍可能判令其承担自己的诉讼费用。另外，如果当事人未接受对方的和解要约或付款，则该当事人可能要承担由此带来的不利后果。另外《民事诉讼规则》第 36.20 条规定，如果原告不接受对方

---

〔1〕　沈达明：《比较民事诉讼法初论》，中国法制出版社 2002 年版，第 498 页。

的和解要约或付款，并且在其后的诉讼中没有取得比该要约或付款更好的结果的，原告应补偿对方的任何诉讼费用以及附加利息。这样，当事人在考虑是否进行和解以及如何进行和解时，会充分考虑不同条件下的诉讼成本，从而也使当事人的决策更赋理性，使诉讼和解的适用更为广泛和普遍。二是法律援助制度，《民事诉讼规则》规定，法律援助资金同样适用于 ADR 当事人，改变了法律援助资金仅适用于诉讼程序的当事人的制度，为当事人选择适用 ADR 制度提供了经济方面的支持。

（三）英国 ADR 的特点

1. 法院积极利用民间 ADR 资源。比如法官在当事人之间缺乏有关协议时可以命令 ADR 提供者，比如法官有权任命调解员。从一定程度上说，与直接提供 ADR 产品相比，法院通过积极利用民间资源无疑也具有异曲同工之效，可谓殊途同归。

2. 积极消除某些阻碍 ADR 实践的消极因素。在这方面，当以法律援助资金扩大适用于 ADR 程序最为重要。长期以来，法律援助资金只适用于诉讼当事人，而不适用于 ADR 当事人，这无疑极大地制约了当事人采用 ADR 的积极性。1998 年 10 月，英国法律援助委员会下属诉讼费用与上诉委员会作出决定，确认在计算报酬时应该把作为接受法律援助的当事人之代理人的律师为参加调解而花费的时间计算在内。新规则实施后，法律援助资金同样可以适用于包括调查、仲裁、早期中立评估、调解在内的 ADR 方法。这无疑是一个重大的发展。

3. 诉讼费用制度具有补偿或惩罚性。法院在裁定诉讼费用时，可以考虑当事人的所有行为，根据当事人的不同行为给予诉讼费用补偿或惩罚，促使当事人采取 ADR。例如，如果原告不接受对方的和解要约或付款，并且在其后的诉讼中没有取得比该要约或付款更好的结果的，原告应该补偿对方的任何诉讼费用以及附加利息。

4. 英国法院努力维持其作为裁判机关的纯洁性，不愿意过多地介入 ADR 机制，如直接提供 ADR 产品，而主要着意于为 ADR 的自足性与自治性运行提供间接但却有效的支持。为此，从立法与司法部门角度看，不妨把英国的 ADR 实践模式称之为"大力支持，谨慎介入"模式。

三、德国的 ADR 制度

德国在 20 世纪 70 年代之前，对发展 ADR 程序是十分保守的，其主要原因是德国在第二次世界大战后经济和社会的发展曾经比较缓慢，直到 70 年代战后发展期结束后，进入了现代社会，德国的经济和社会进入了高速发展阶段。在此之前，德国民众的社会理念变化也相对滞后，在美国由于经济社会高速发展而产生的一系列问题，在德国并未引起足够的关注。

（一）德国 ADR 的迅速发展

尽管 ADR 在德国的发展起步比较晚，但从其发展过程看，亦呈现出远大的前景。20 世纪 70 年代以后，美国和日本等发达国家 ADR 的快速发展引起了德国的重视，德国分别在 1977 年、1981 年和 1982 年，连续举行了三次有关 ADR 的大型研讨会，并且提出：在现有的和解所、调解机关和仲裁所之外，再建立其他新的 ADR 制度的方案。随后德国队方案进行了大胆的尝试。随着时间的推移，普通公民对各种 ADR 程序已开始有所了解，法学界也在积极推进 ADR 的发展和完善。1976 年德国《民事诉讼法》明确规定了法官的调解义务。按照其现行法律精神，试行和解是法院在整个诉讼中的职责，"法官主持和促进当事人之间的和解成为其审判权的内在组成部分"，在实践中，"法官倡导和解在德国是司空见惯的现象"。[1]而当事人对和解也抱有较大的希望，"当事人在起诉时往往等待法院利用其影响，促成当事人达成双方律师未能做到的和解"[2]。根据德国《民事诉讼法》第 279 条，地方法院和州法院应在诉讼程序中尽量促使当事人进行和解，"不问诉讼到何程度，法官应该注意使诉讼或各个争点得到和好的解决。"[3]德国大量的民间纠纷就是通过以上方式的调解而结案。20 世纪 90 年代，德国在实现统一之后，随着经济社会的高速发展，带来了一些新的社会问题，正是这种多元化社会的出现，在司法和民事诉讼中也引起了连锁反应。由此，德国也明显感受到了因诉讼量剧增而产生的压力。为了更好地节约司法资源，及时地解决纠纷，德国于 1990 年 12 月 17 日、1993 年 1 月 11 日先后制定了《司法简便化法》和《司法负担减轻法》，并再次修改了民事诉讼法，力图进一步减轻司法的负担，简化诉讼程序。同时，进一步发展 ADR 也成为德国社会和法律界日益关注的重要问题。除了法院调解外，调解制度还广泛应用于民间纠纷的化解。德国传统的民间调解主要应用于家事、人事和社区纠纷的解决，近年来的重点则是发展面

---

〔1〕 〔日〕小岛武司、伊藤真主著，丁婕译：《诉讼外纠纷解决法》，中国政法大学出版社 2005 年版，第 443 页。

〔2〕 沈达明：《比较民事诉讼法初论》（上），中信出版社 1991 年版，第 183 页。

〔3〕 德国贝克出版社著，谢怀栻译：《德意志联邦共和国民事诉讼法》，中国法制出版社 2001 年版，第 68 页。

向大企业和消费者的产品质量、医疗纠纷等行业的民间性纠纷解决机构。"以医师协会 ADR 为例，它由医师和法律专家组成，不需要手续费，费用由医师协会负担，目前此种 ADR 利用率很高，评价较好。"[1]

（二）德国 ADR 程序的类型

德国的 ADR 程序类型形式多样，具有低廉迅速、处理灵活、程序简便、通俗等特点。20 世纪 80 年代至 90 年代以来，ADR 程序的利用又有逐步扩大的趋势。目前德国的 ADR 程序既有行政主导型的，也有民间团体主导型的；既有根据法律规定而设立的，也有自发建立的 ADR 机构。其主要类型有以下几种：

首先，根据法律设立的 ADR，可分为强制性和非强制性两类：

1. 所谓强制性 ADR，是指当事人在起诉前必须经过 ADR 程序，否则不得起诉。这类 ADR 主要有：

（1）有关发明专利方面的纠纷，在起诉前必须首先向联邦专利局所设的仲裁所申请仲裁。

（2）有关著作权使用费的纠纷，在提起诉讼之前，应当向专利局所设的调解委员会提出申请。

（3）有关不正当竞争的纠纷，根据反不正当竞争法，州政府应在工商协会设置协商所，在消费者或消费者团体提出申请时，由一名精通法律、符合法官法规定之法官资格的人担任委

---

[1]　范愉：《非诉讼程序（ADR）教程》，中国人民大学出版社 2002 年版，第 90 页。

员长，以及等额的工商业者和消费者委员组成委员会，由该委员会首先进行处理。

（4）有关机动车事故补偿基金的纠纷。

（5）职业培训中的纠纷，在向劳动法院起诉之前，应由特别的委员会试行解决。

（6）雇主与经营协议会之间的纠纷，在起诉前应当先通过协商所解决。

（7）根据民事诉讼法的新规定。争议标的额在1500马克以下的小额案件和邻里纠纷等，必须在诉讼前进行调解。

2. 所谓非强制性的 ADR，是指 ADR 不是诉讼的必经程序。其主要形式在德国以下几种：

（1）仲裁。

（2）中介人制度，这是柏林州等7个州根据州法设立的历史悠久的 ADR 程序。中介人是一种民间的名誉职务，其主要职能是解决发生在个人之间的纠纷，这些纠纷主要有：轻微的刑事事件，如侮辱、侵入私宅、轻微人身伤害等，以及民事纠纷。中介人由任期5年的地域团体的代表机关选任，不需要特别的专门培训。中介人在进行民事纠纷调解中原则上不得强制当事人参加，但有些州的法律规定当事人有到场参加的义务，否则可处以罚金。在未设中介人制度的州，也有类似的机构。例如慕尼黑有民事事件调解所。然而，近年来，这种制度的利用一直在减少，其作用已日渐衰退。

（3）汉堡公共情报及和解所，该州未设中介人制度，但和解所与其作用基本相同，主要职能是法律咨询，同时还为贫困当事人提供法律援助，经费由州政府的劳动－社会局拨付。

（4）工商协会的调解，20 世纪 70 年代为了解决消费者纠纷，设立了工商协会和手工业协会以及各种行业公会的调解所，处理有关买卖合同及承包合同的标的物瑕疵、履行逾期等申诉，无需支付手续费。可通过书面申请要求进行调解。但不能进行仲裁。

（5）手工业协会的调解，根据手工业法，主要解决手工业者与顾客之间的纠纷。手续费低廉，由双方当事人分担。

（6）律师协会的调解程序，在律师协会设立和解所，主要解决律师之间的纠纷以及律师与委托人之间的纠纷。

其次，法律没有明确规定的 ADR 在德国的主要形式有：

1. 由各手工业者工会主持的 ADR。与手工业协会并列，很多独立的手工业者工会组建了自己的仲裁所。如：自动车手工业会，解决有关修理的必要性、保修、修理费及代用车提供等方面的纠纷。仲裁委员中有律师、自动车鉴定人、自动车工会的代表等。洗涤业、鞋业、收音机电视业等工会也都设立了类似的仲裁所。

2. 旧车贩卖业的中央自动车业联盟在所有的州都设立了仲裁所，解决本行业经营者与顾客之间的纠纷。

3. 建筑业协会的 ADR，有多种形式，例如，建筑师协会所设的调解所，手工业协会所设的建筑调停所等，后者也可以进行仲裁。

4. 房地产租赁调解所，由中立法律家、承租人协会成员以及房主工会的成员代表组成。

5. 工商协会内所设的有关电子出版物领域的 ADR。

6. 医师协会所设的 ADR，70 年代以后，针对不断攀升的医疗赔偿责任纠纷，建立了三种模式。第一种是在医师协会建立调解所，调查纠纷的原因。对请求能否成立作出结论。第二种是设立纯粹的医学上的专家鉴定委员会。第三种是介于二者之间的鉴定－调解所，各州所采取的模式各有不同。这类机关由医师和具有法官资格的法律家组成，不需手续费，费用由医师协会负担。目前此种 ADR 利用率很高，评价较好。从结果看，对患者有利的处理占 27%~28%。

7. 仲裁鉴定，这是根据当事人的仲裁契约对事件的个别重要事实或要件事实所作的、对法院有拘束力的鉴定，不过，它并不是一种独立的制度，而是在其他程序中使用的 ADR 方式。而且，这种仲裁鉴定不排除法院对该事件的审判和判决。就性质而言，包括确认性的、权利创立性的和权利变更性的仲裁鉴定。此方式经常利用于商品、建筑物质量等方面的鉴定。[1]

四、日本的 ADR 制度

(一) 日本 ADR 的发展

日本是近现代开发利用 ADR 方式较早，制度较健全，ADR 比较发达的国家之一。在日本，传统型的 ADR 与现代型 ADR 同时并存，与诉讼构成一个多元化的纠纷解决系统，并在此基础上形成了较系统的理论体系和制度体系。[2]所谓传统型的 ADR，并不意味着这些纠纷解决方式都是直接从传统社会脱胎而来的，而通常是指那些基于本国的实际情况，根据社会成员

---

〔1〕 范愉：《非诉讼程序（ADR）教程》，中国人民大学出版社 2002 年版，第 88~90 页。

〔2〕 章武生："司法 ADR 之研究"，载《中国法学》2006 年第 5 期。

的传统习惯和法律意识，适应特定历史时期纠纷解决的特点和需求所设计制定的 ADR 程序。因为这种形式往往是从传统法律文化中汲取素材，以特定的文化传统为理念、或在一定程度上具有从传统社会向现代过渡的特性，故称之为"传统型"，其经典的形式是仲裁和调解。相对于西方国家而言，东方国家对传统型的调解似乎更显得情有独钟，以至于许多比较法学家都把 ADR 程序的利用作为远东法系的重要特征之一。这些传统 ADR 程序，往往在纠纷解决方面显示出极大的优越性和作用，甚至曾经能够形成与诉讼制度分庭抗礼的局面，时至今日，也仍然保持着旺盛的生命力，并基本完成了向现代纠纷解决机制的转型。应该说，这些传统型 ADR 程序是现代 ADR 的实践渊源之一。然而，随着社会的发展，其功能和地位也在发生微妙的变化，特别是在与当代新建立的一系列现代型 ADR 的相互协调和结合上，表现出许多新的特点和趋势。在日本，相对于调停的盛况，仲裁可以说形势不佳。

日本的司法 ADR 主要是法院内的调解。调解程序属于传统的司法 ADR，是指设置于法院内的调解委员会的斡旋、调停，使当事人达成解决纠纷合意的程序。日本的调解可以分为《民事调解法》规定的民事调解和《家事审判法》规定的家事调解。家事调解，一般是由设置在家事法院的调解委员会针对有关家庭事件进行的调解，而对除此之外的民事事件进行的调解，则属于民事调解。[1]调解虽属自治性解决纷争方式，但同时又包

---

[1]　[日]中村英郎著，陈刚等译：《新民事诉讼法讲义》，法律出版社 2001年版，第 14～15 页。

含一定的强制性因素，比如，接受调解程序后的关系人有参加的义务。如无正当理由而不按时参加，会受到罚款的制裁。此外，可以在调解之前命令关系人履行一定的事项，亦可对关系人作履行义务的劝告或者命令，对不服从该命令者也可处以罚款。将调解制度有组织、有系统地纳入司法制度的国家并不多见。从统计数据上看，在日本采用民事调解和家事调解的事件数几乎与民事诉讼事件的总数相等。[1]

日本社会除了传统的民事和家事调停制度之外，各种涉及环境、产品责任等领域的新型非诉讼纠纷解决机制也在发挥着积极作用，建立了"环境保护、产品责任等领域的专门性、行政性的民间 ADR 机构，如设立了公害调解委员会、交通事故纠纷处理中心、劳动委员会、消费者 PL 中心和产品责任中心等调解机构。"[2]

尤其是交通事故处理机制，更是一种高效和富有人情味的纠纷处理方式。由此可见，非诉讼纠纷解决机制的发展和司法利用之间相互促进与协调互补，更为符合日本当代社会和广大民众的实际需要。在制度设计过程中，日本对非诉讼纠纷解决机制的认识和利用方式非常注重多元化。就法律在非诉讼纠纷解决机制中的作用就存在三种不同模式：一是强调法律作为纠纷解决标准的模式，广泛适用于交通事故纠纷解决中心、房屋建筑纠纷中央审查委员会、公共污染协调委员会和产品责任中

---

〔1〕〔日〕三月章著，汪一凡译：《日本民事诉讼法》，五南图书出版公司1997 年版，第 8 页。

〔2〕王菠："国外替代性纠纷解决机制的发展对我国的启示"，载《世纪桥》2010 年第 1 期。

心；二是以人情作为弥补与现实之间差距的工具，但法律仍为主要标准的模式，适用于健康生活国家中心和首都东京的受害消费者救援委员会；三是由调解员针对案件自由裁量，在公正基础上做出解决，法院的民事调停和东京第二律师协会的仲裁中心采用此模式。

（二）日本 ADR 的特点

1. 目前日本司法 ADR 的主要形式是调解。日本在调解方面的立法相对来说比较完善并具有可操作性，并有组织有系统地将调解纳入了司法制度，这在目前世界上并不多见。调解由设于法院之内的调解委员会进行，调解委员会由指定的法官担任调解主任，再由他从有经验学识者中指定两名以上的调解委员。[1]民事调解委员作为非正式公务员，对其任免事项由最高法院规定。根据法律规定向民事调解委员支付津贴，并按最高法院的规定支付旅费、日薪及住宿费。

2. 调解适用范围较广。家事审判法规定除了不适用调解的纠纷事项，如禁治产宣告等之外，其他所有的人事诉讼事件和其他普通家庭事件都可以进行调解，并且采取的是调解前置主义，只有调解不成方可向法院起诉。民事调解法则规定当产生有关民事纠纷时，当事人可以向法院提出调解申请，法院在调解委员会上进行调解，适当时，法官也可单独进行调解。如果调解中双方当事人达成协议，并记载在笔录上，就作为调解成立，记载的笔录同审判上的和解具有同等的效力。对在调解过

---

〔1〕 ［日］中村英朗著，陈刚、林剑锋、郭美松译：《新民事诉讼法讲义》，法律出版社 2001 年版，第 15 页。

程中做出的裁判，当事人可以提出即时抗告，抗告的期限为两周。

3. 具有相关罚则作为保障。为了确保调解的顺利进行，家事审判法和民事调解法都规定了相应的罚则。比如，当事人接受调解程序后，有参加的义务，无正当理由不按时参加，将受到罚款的制裁。在调解之前可以命令当事人履行一定的事项，不服从该命令也可以处以罚款。

五、韩国的 ADR 制度

作为传统的东方国家，特有的历史文化和民族心理决定了韩国人之间产生矛盾，往往会忍气吞声。如果矛盾演变为纠纷，也会通过妥协或调解的方式解决，很少选择诉讼来解决纠纷。在很多韩国人看来，诉讼不是权利救济手段，而是会和对方结怨，一辈子成为仇人，并且还要花费很多费用和时间，甚至导致家破人亡。虽然随着经济的发展和民主法制化的提高，近 30 年来，这种状况逐渐出现了变化。法院的民事诉讼案件剧增。但是，由于各方面的原因，ADR 仍然是韩国人最主要的纠纷方式。

（一）韩国 ADR 的种类

根据主管机关的不同，在韩国的 ADR 分为法院 ADR、行政 ADR 和民间 ADR。法院 ADR 有民事调停、家庭问题调解和诉讼上的和解三种，行政 ADR 有行政部调解、劳动仲裁等，民间 ADR 有民间调解、商事调解、公益团体执行的 ADR 等。

1. 法院 ADR。在韩国，法院对 ADR 有很高的关注度。法院对 ADR 感兴趣的原因，一是把传统的解决纠纷的方法调解包括在法院的业务内，希望能迅速而经济性的解决纠纷；二是为了减轻法院的案子审理负担。具体地说有以下几类：

（1）民事调停。在韩国，自 1990 年 9 月 1 日开始的统合民事调解法，使得结合调解和仲裁特点的新的民事调停制度发挥了重要作用。例如，在交通事故赔偿诉讼中，法院将大部分的职权交给了民事调停部门，根据强制调解决定处理案件。民事调解制度的活性化，不仅引发各个审判员的自发性参与，而且在大法院立场上也诱导参与。大法院作为民事调解制度的活性化的规矩的制定者，制定并施行"民事调解制度的活性化方针"和"专案中的民事调解活性化"。

（2）家庭问题调解。对家事案件的家事调解，过去就已经开始应用了。根据韩国《家事诉讼法》的规定，在家事诉讼中，采取调解前置主义的立场，即审理前必须先行调解。

（3）诉讼上和解。韩国的法官对诉讼上的和解有着很高的关注度，通过各种方式，促使民事诉讼的当事人和解，尽量保证在诉讼外解决纠纷。

2. 法院外的 ADR。

（1）民间调解。在韩国，民间调解依然是相当重要的纠纷解决方式。韩国的民间调解一般通过家族中元老、地区社会的有志之士和宗教团体进行。这些都可以说是制度框架外的民间调解。

（2）行政部调解。20 世纪 80 年代以后，韩国成立了很多各种行政部署下的调解委员会，建立了比较完善的行政调解制度。这些具有行政性质的调解委员会有：消费者纠纷调解委员会、环境纠纷调解委员会、金融纠纷调解委员会、著作权审议调解委员会、承包纠纷调解协议会、水产调解委员会以及雇佣平等委员会等。上述调解委员会，根据纠纷当事人的一方或双方申请，进行行政调解，若调解达成协议，就被赋予和裁判上的和解相同的效力。

（3）仲裁。1966 年 3 月 16 日制定，1992 年 12 月 31 日做了全面修改的《韩国仲裁法》，是韩国关于仲裁制度的普通法。韩国的仲裁主要分为：商事仲裁、劳动仲裁和言论仲裁。其中劳动仲裁的根据是《工会及劳动关系调解法》第 62 条，由行政部署下的劳动委员会负责；言论仲裁的根据是《韩国广播法》第41、42 条和《韩国综合有线广播法》第 45 条，由言论仲裁委员会负责。另外，对于反驳报道申请，韩国采取了仲裁前置主义，必须通过言论仲裁才能诉讼。

（4）在搜查机关的协议。在搜查机关的达成协议，主要是用基于上诉的起诉形态，开始搜查案子，事实上国家的搜查机关介入，因为在韩国社会所占的比重很大，所以，可以包括在 ADR 里来看待。在搜查机关通过协议解决纠纷，可以说是几乎没有费用。嫌疑人的拘留、处罚等强有力的执行确保手段作为后盾，而且嫌疑人即使没有嫌疑，也没多大的危险负担（很少因诬告罪被处罚，多半是无嫌疑处分之前已达成协议）的方面，社会重要性很大。也正是因为如此，不成立刑事案件的案子也存在先起诉的情况，搜查机关为了处理那些业务，很大程度上影响了本来的刑事犯罪的搜查业务，这是众所周知的事实。

（5）国民苦衷处理委员会。1994 年 4 月 8 日，韩国成立了隶属于国民总理室的国民苦衷处理委员会，负责因行政机关的违法、不当的处分或错误的制度、政策等对国民造成的不平和不满。国民苦衷处理委员会在独立的第三者的立场上，发挥着简单迅速地救济国民权利的行政功能。从本质上看，这种方式解决的并不是民事纠纷，而是一种解决行政纠纷的代替行政诉讼的 ADR。

（二）韩国 ADR 的特点

通过综合分析，我们可以看出韩国 ADR 具有以下共同特征：

1. ADR 能够在快速、便捷的基础上，经济地解决各种纠纷。这样一方面能有效地减少当事人的讼累，另一方面也能大大地减少当事人解决纠纷的成本。这些对当事人来讲，显然是极具诱惑力的。

2. ADR 在公民自治的前提下，使得当事人在解决纠纷时尽量排除了法院的介入，明显的减轻了法院负担，对国家来讲就是节省了有限的司法资源。

3. 由于 ADR 对当事人之间决定的尊重，以及在整个纠纷解决过程中律师作用的减少，很好体现了公民自治意识的提升，也很好的体现了当事人自身的具体需求。

4. ADR 程序固有的灵活性、处分性特征。

5. ADR 非公开的私自的程序，最大程度保证了当事人的隐私和自由权，使得当事人在 ADR 特有的框架下实现有效的救济。

6. ADR 在解决纠纷时，往往回避实体法的适用，尽量适用创意性的规范，充分发挥当事人的主观创造性和自治处分权来妥善衡平双方冲突，使当事人在解决纠纷的同时不恶化双方的关系。

（三）韩国 ADR 的目标追求

在韩国，ADR 制度的设计者所追求的目的在于：

1. 减少解决纠纷中不适当的费用和时间，既减轻了当事人的诉累，也缓解了法院诉讼爆炸的过重压力。

2. 在解决纠纷的过程中，让更多的当地居民能够参与其中。

3. 提供更容易接近的权利救济手段，在诉讼外提供更多的公共救济产品。

4. 提供更有效的解决纠纷方案，彻底化解当事人之间的利益冲突。

第三节　ADR 模式对我国人民
调解制度的启示

ADR 作为一种先进的法律制度，其内在优势是不容置疑的，在人民调解制度改革中应该积极借鉴 ADR 制度的成功之处，"取其精华、弃之糟粕"，无疑对我们完善我国人民调解制度提供了一条捷径。

一、运用经济杠杆促成调解的达成

"在美国，较多的是采用制裁的方式作为促成当事人接受并履行调解结果的手段。如果当事人不履行调解结果而提起诉讼，那么在判决结果低于原调解结果 10% 的情况下，提起诉讼的一方必须负担对方的诉讼费用，包括律师费用，原告一方甚至必须在判决数额大于调解结果 50% 以上的情况下才可以免除这种责任。"[1]在德国，诉讼中的当事人若达成了和解，则代理律师

---

〔1〕　乔钢梁："美国法院的调解和仲裁制度"，载《政法论坛》1995 年第 3 期。

可获得全部律师费用作奖励，原因在于当事人的和解和律师所起的条件作用是分不开的。

可见，根据域外 ADR 模式中，美国、德国等国家运用经济手段来促成调解的达成，是值得我们借鉴学习的。美国这种以制裁、惩罚方式来督促纠纷当事人接受并履行调解结果的手段，虽然有时这种制裁与惩罚会大大超过了原告可以得到的利益，也有可能会牺牲一些对诉讼一无所知的弱势当事人的利益，但这对于促使当事人接受调解结果确实很有效果。德国主要采取奖励的方式，促成调解的达成。

结合我国的人民调解制度而言，经常会出现纠纷经过人民调解委员会调解后，达成了调解协议，当事人却因种种原因不按协议履行调解结果，造成了调解协议成了一纸空文的现象频繁发生。这种现象在我国行政调解中也是如此。主要原因是我国调解制度在立法方面的不足所致。比如，虽规定了我国人民调解协议具有民事合同的性质，一经达成，当事人不得任意反悔。但人民调解协议的执行力太弱。主要原因是即使当事人不履行调解协议，也无需承担任何法律后果，也没有经济利益的损害等等。所以，对我国调解组织促成调解达成与履行调解结果方面，我们可以借鉴美国与德国的做法。用制裁、惩罚、奖励相结合的方式，促成我国调解的达成与调解结果的顺利履行。

二、发挥民间规则与公序良俗在调解中的作用

根据 ADR 理论，社会纠纷是不可能完全消除的，如何预防和减少社会纠纷才是关键。总的来说，ADR 是注重实践、经验的模式，结合美国、德国的 ADR 发展经验，可知这些国家除了构建必要的 ADR 理论体系外，还在实际解决纠纷的过程中，形成针对某一类纠纷能普遍适用的规则，这些规则的形成对于今后解决类似的纠纷具有很好的指导作用。在此经验基础上，我国亦应重视发挥民间规则与公序良俗在调解中的作用，即在总结人民调解所调解过的纠纷、矛盾基础上，形成一定的解决规则，同时注重公序良俗在调解中的作用。

民间规则产生于我国民间社会之中，是在我国制定法以外用来调解人们之间行为关系的准则。确切地说，民间规则是人们在长期的经验基础上总结出来，并具体应用到社会领域中来的行为规则。我国的民间规则之所以受到普遍认可，是由人们心理上对民间规则的认同决定的。而且，这些民间规则汇集了人们大量的聪明智慧，是祖祖辈辈们经验的传承。因此，在我国尤其在乡土社会，民间规约发挥着举足轻重的作用。既然民间规则作为维护社会运行、调整人们之间社会关系以及行为关系的行为规范，它在解决纠纷方面同样也发挥着不可忽视的重要作用。

在调解纠纷的过程中，民间规则在调解中发挥的作用有时比法律更为有效。这些民间规则包括一些乡规民约、道德、习惯、社会舆论以及有威望的宗族长老等在处理纠纷过程中形成的规范。这些民间规则主要在一些涉及婚姻家庭、道德伦理、风俗习惯的纠纷中发挥比较显著的作用。

这些民间规则之所以能在调解中发挥如此大的功能效用，主要因为：首先，这些民间规则调整以道德伦理、习惯为主的纠纷，更能实现实质正义。因为，这些民间规则是人们经过长期的实践经验总结出来的，较法律弹性更大，更贴近乡规民俗，在调解纠纷过程中更能实现实质正义。其次，这些规则对一定社区内的人们具有普遍规范性。人们按照这些民间规则形成了具体的权利义务关系，并以此为依据来解决遇到的纠纷，形成了惯性，人们普遍遵守。再次，民间规则的运行具有稳定性。这些民间规则在一定范围区域内，可持久稳定的规范人们的交往行为，具有很强的稳定性。所以，人们倾向于选择依据民间规约来处理问题。最后，民间规则具有裁判和调节的功能。这些民间规则在现实生活中不仅能发挥与国家规范类似的功能作用，还可以维护社会生活秩序，有利于关系的恢复。因此，人们更依赖通过民间规约来解决纠纷。

综上所述，我们应充分重视民间规则在调解中的作用。同时，我们亦应重视发挥公序良俗在调解中的作用。公序良俗作为我国一项基本原则，它可以弥补我国立法上的一些缺陷与不足，对在调解过程中有违社会秩序，有违善良风俗的习惯行为加以限制。在实践中，经常有些调解案件，虽不违反我国法律、法规，但却有违公序良俗原则，我们应加以规避。同时，有些民间规则虽不违法，但是却有违社会公共秩序，善良风俗。此时的公序良俗原则可以起到很好的指导与限制作用。它在我国调解制度中发挥着重要风向标的作用，指导我国调解工作的有序进行。可见，民间规则与公序良俗二者相辅相成，应高度重视民间规则与公序良俗在调解中的重要功效，这有利于我国调解工作的顺利开展，也可以更加高效快捷地解决纠纷，防止和减少纠纷的发生。同时，有利于形成新的共同体规范和道德体系，也有利于我国社会主义和谐社会的建设。

三、扩大人民调解的受案范围

根据国外有关民间调解对象的规定，与我国的人民调解受案范围相比较，我国人民调解的受案范围比较小，一般仅限于民事纠纷和轻微的刑事纠纷。在国外一些 ADR 模式比较发达国家，民间调解的受案范围都比较广泛。如"在英国，商事纠纷一直都是民间调解机构的调解对象。创建于 1989 年的全国律师ADR 网络（ADR Net，Ltd.）是处理商事纠纷最早和最重要的机构，受理保险公司会计师以及产业界委托处理的纠纷；另一种民间调解机构纠纷解决中心，即 CEDR，致力于为商业界的合同纠纷提供一种灵活和低廉的纠纷解决方式。"[1]20 世纪 70 年代的德国就已设立了工商协会和手工业协会的调解所，主要处理一些涉及买卖合同的申诉、承包合同的标的物瑕疵的申诉、履行逾期申诉等等。德国的中介人制度也调解一些轻微的刑事案件，比如侵入私宅、侮辱、轻微的人身伤害纠纷等等。

参照一些国家的 ADR 受案范围，我国的民间调解受案范围相对比较狭隘。主要受理民事纠纷以及一些轻微的刑事纠纷。我国由于社会转型，很多新纠纷、矛盾激增，原来只调解公民之间的纠纷已使人民调解不能充分发挥其作用。因此，我国《人民调解工作若干规定》第 20 条对调解事项的范围规定比《人民调解委员会组织条例》中扩大了调解纠纷的范围，将公民与法人、公民和其他社会组织间的纷争也纳入到人民调解的范

---

〔1〕　安尼·D. 罗："关于英国及荷兰最近 ADR 的发展之考察"，转引自石川明：《比较裁判外纷争解决制度》，东京庆应义塾大学出版社 1997 年版，第 61 页。

畴。可并没改变人民调解委员会主要是调解民间纠纷的组织，它的受案范围仍旧比较小，不能完全满足现代社会对纠纷解决的需求。

所以，我们应借鉴国外 ADR 模式，扩大我国人民调解的受案范围，将一些小额的经济纠纷等案件也纳入到人民调解体系中来，这样有利于提高解决纠纷的效率，缓解法院的审判压力。

四、鼓励律师与退休法官参与人民调解

在一些西方国家的 ADR 模式中，它们鼓励律师与退休法官参与到调解中来，起到了很好的效果。"1996 年美国律师协会（ABA）成立了纠纷解决处，这是 ABA 近 19 年以来第一个新设部门，目前已有 6000 名成员。"[1] "英国全国律师 ADR 网络（National Network of Solicitors in Alternation Dispute Resolution）拥有 120 名从全国各大型的优秀律师事务所招聘来的、受过专门培训的调解人或律师，作为专业的调解人。"[2] "在日本各地也设有各种律师咨询中心，律师协会的各种咨询机构除了为公民的纠纷解决提供法律意见和法律援助外，还设有专门的调解机构，其宗旨是'协调法与社会的距离'。退休法官在美国加利福尼亚州和其他一些州派上用场，在"出租法官"（Rent a judge）制度下，法庭在争议双方的请求下指定一名裁判者，通常是退休法官，由他主持一个非正式的程序，做出由法庭强制执行的

---

［1］　何兵：《现代社会的纠纷解决》，法律出版社 2003 年版，第 106 页。

［2］　安尼·D. 罗："关于英国及荷兰最近 ADR 的发展之考察"，转引自石川明：《比较裁判外纷争解决制度》，东京庆应义塾大学出版社 1997 年版，第 61 页。

判决，这种制度已经有了正式的立法。"[1]可见，律师的作用一直被认为是决定调解能否达成的关键所在。所以，各国的 ADR模式中非常重视律师在调解中所起的卓越效果，积极鼓励律师们参与到纠纷的调解中来。同时，也吸引大量的退休法官参与调解纠纷，由于法官们具有比较高的职业素养，有助于促成调解结果的达成，是优秀调解员的不二人选。在一些国家，由于律师和退休法官的广泛参与到调解中，整体上提高了调解员的素质，有效实现司法与调解的互动。

在总结国外的先进经验基础上，根据我国的实际情况，也可以鼓励或聘请一些律师及退休法官参与到调解工作中来。一直以来，我国存在着调解员素质不高的问题。这大大影响了我国人民调解的工作实效与人民调解员的整体素质。因此，我国可借鉴这些国家的相关做法，建议以聘任的形式，聘任一些律所的优秀律师及退休法官兼任人民调解员，因为律师与法官的法学专业知识过硬，法学素养比普通人民调解员高。并且，律师和法官处理的纠纷案件比较多，具有丰富的实践经验。因此，聘任这些专业人士担任调解员，对提高调解成功率也大有益处。

---

〔1〕 蒋颖："域外民间调解制度对我国的若干启示"，载《北京化工大学学报》2004 年第 2 期。

第四章 人民调解的运行
现状及问题分析

一种制度的产生和发展总是基于对社会现实的需要，并且随着社会的发展而不断完善，人民调解制度也是如此。作为一项有中国特色的社会主义法律制度，人民调解随着社会的进步而获得了新的发展，长期以来在维护社会稳定和纠纷的预防和解决中发挥了重要作用。然而现阶段我国正处在一个社会的转型期，所谓转型社会既不同于传统社会也不同于现代社会，是两种社会因素交错并存的一个多元的态势。社会的经济成分和利益关系呈多样化，各种冲突表现为复杂而频发的纠纷，人民调解作为多元化纠纷解决的一个重要组成部分也遭遇到了很多的问题和挑战。笔者拟对近十年来人民调解工作的现状进行梳理并对该状况的原因进行分析，以尝试为现阶段人民调解存在的问题寻求对策。

第一节 近年来人民调解的成就及其新发展

一、人民调解制度的政策调整及现实概况

由于我国缺乏法治经验，在强调依法治国的过程中曾一度过分地强调诉讼，并且不恰当地把诉讼与人民调解视为对立。然而随着人们对法治的理解逐步深入，人们改变了将人民调解视为法治对立物的片面观念，认为人民调解能弥补审判制度的不足，人民调解制度重新获得了认可和重视。[1]

进入 21 世纪，由于综合治理工作受到重视，推动人民调解工作进入到一个新的发展期以应对社会纠纷解决的实际需求。2000 年 8 月中共中央办公厅、国务院办公厅转发了《中央社会综合治安综合治理委员会关于进一点加强矛盾纠纷排查调处工作的意见》。指出各级党委、政府要提高认识，坚持从人民群众利益出发，坚持"预防为主、教育疏导、依法处理、防止激化"的原则，努力把矛盾纠纷化解在基层，化解在萌芽状态。而2002 年以来所进行的改革为人民调解的发展带来了新的契机。这场改革的背景是：由于很多的民间纠纷进入法院使得诉讼量一直呈攀升的趋势，有些年份上升的速度还非常快，甚至在2002 年还出现了法院一审民事案件的数量超过人民调解案件数量的情况。这些纠纷占用了过多的司法资源，使得人民法院"人少案多"的矛盾越来越突出。如果人民调解能够有效地发挥

---

〔1〕 范愉：《ADR 原理与实务》，厦门大学出版社 2002 年版，第 319～323 页。

"第一道防线"的作用，法院可以集中有限的司法资源提高司法审判的质量。为此，2002 年以来最高人民法院和司法部共同联合召开了 3 次全国人民调解工作会议专题研究人民调解。同年 9 月，司法部制定并公布了《人民调解工作若干规定》，在对人民调解委员会的组织形式、工作范围和工作程序等作出具体规定的同时也重申了人民调解的性质。最高人民法院也通过了《关于审理涉及人民调解协议民事案件的若干规定》的司法解释，明确规定了人民调解协议的性质和效力。这场改革既契合了"和谐社会"的时代主题，又是基于人民法院希望人民调解帮助其分担压力的现实需要，所以改革的重点在于调解组织和调解形式的改革以及"大调解"和诉调对接等几个重大问题上。2010 年 8 月 28 日全国人大常委会通过了《人民调解法》。这是我国第一部专门系统全面地规定人民调解工作的法律，标志着人民调解走上了法律化的道路。

在这样的背景下，人民调解组织及其作用开始重新焕发生机。2003 年人民调解受理解决的纠纷数量为 449.22 万，超过法院一审民事案件数量 442.01 件，并且从 2005 年开始人民调解组织调解的案件数量呈逐年上升的趋势。到 2011 年我国已有人民调解委员会八十多万个，除形成了遍布全国城乡、厂矿企业、事业单位的纵向的多层级人民调解体系，还随着市场经济的发展突破了地域的限制出现了横向的联合，组成了专门性、行业性调解组织。在人民调解组织发展的同时，人民调解员的素质也有了较大的提高。我国现有人民调解员近 433.6 万人，其中高中以上文化程度的调解员占 58.5%，2011 年，人民调解受理的纠纷数量已接近 900 万件。人民调解制度在有效地解决社会纠纷的基础上，对于保持社会稳定和实现基层民主自治发挥了重要作用，是当代影响最广泛的民主法律制度，与诉讼和仲裁制度并列形成纠纷解决的三足鼎立，是当代中国民众面对纠纷时所选择的主要解决方式之一。

二、人民调解制度的新发展

（一）新类型调解组织和形式的出现

传统的人民调解组织是以地域为依托体现基层自治的人民调解委员会，通常是设立在村民委员会或居民委员会之下并作为其组成部分。2002 年以后，根据相关规定乡镇、街道及企业事业单位也可以设立人民调解委员会，从而形成了一种多层级的人民调解网络。尽管目前村委员和居委会下设的人民调解委员会在全国人民调解组织的总数中仍占有绝对多数，但是在面对重大、复杂的纠纷时，乡镇司法所、街道的专业委员会乃至更高层级的县级调委会和区级的专业性调解委员会发挥着越来越重要的作用。随着市场经济的发展，为满足社会需求，人民调解组织还突破了以地域为依托的限制出现了"水平扩展"的趋势，根据行业管理特点以及不同的纠纷类型形成了专门性、行业性调解组织。

（二）人民调解的范围拓宽

传统的人民调解的范围一般是婚姻、家庭、邻里、赔偿等基于传统的"熟人社会"常见而多发的纠纷，但这已经不能满足社会现实的需要，近年来人民调解所调解的纠纷范围不断扩展。首先，《人民调解工作若干规定》第 20 条将人民调解的受案范围限定为公民与公民之间以及公民与法人和其他社会组织

之间涉及民事权利义务争议的各种纠纷，这一规定使得人民调
解的受案范围扩大到公民与法人和其他社会组织之间的纠纷。
事实上在人民调解的实践中，人民调解的范围已经开始向法人
和社会组织之间的纠纷化解延伸。其次，人民调解的内容也不
断扩展。民事违法行为所引起的纠纷、违反社会公共道德引起
的纠纷、轻微刑事违法行为引起的纠纷以及农村土地承包调整、
城市拆迁等针对特殊环境下的因素变化所引起的纠纷都被纳入
到人民调解的范围。除此之外，医疗损害赔偿、劳动争议、物
业管理、消费者权益等专业性较强的纠纷也都开始纳入人民调
解的范围。

（三）人民调解改革的主要模式

人民调解的复兴和发展带来了新的生机，各地在实践中也
在为人民调解的改革进行了新的探索，形成了多种人民调解模
式，不同的模式呈现出不同的特点反映出不同的理念。

1. "大调解"模式。2006 年 11 月，全国政法工作会议提
出，构建以人民调解为基础，加强行政调解和司法调解，三种
调解手段相互衔接配合的大调解工作体系。[1] "大调解"一般
是指在当地党委、政府的统一领导下，由政法综合治理部门牵
头协调、司法行政部门业务指导、调解中心具体运作、职能部
门共同参与的调解，其目的是将民间调解、行政调解、司法调
解等各种调解资源整合在一起，争取把纠纷化解在基层。[2] 严
格来说大调解并不是一种法律制度，而是一种多元化的纠纷解

---

〔1〕 "司法调解被提到了新高度"，载《法制日报》2007 年 1 月 1 日。

〔2〕 宗玲"论人民调解现状、问题和发展趋势"，载《前沿》2009 年第 4 期。

决机制，并且不同地区的大调解形式和特点也是不同的。首先是山东"陵县模式"。这是全国最早的创新模式，作为乡镇"大调解"的代表是一种司法行政或准司法的大调解模式。陵县的乡镇（街道）调解中心是由乡镇党委政府统一领导，以司法所为依托，在此基础上把信访、法庭、派出所、计生、民政和工会、妇联、团委各有关部门和单位的力量进行整合，把人民调解、行政调解和司法调解有机结合的一种模式。这种模式具有明显的准司法性质，体现了民间调解与行政调解的衔接。其次是浙江诸暨的"枫桥经验"。"枫桥经验"模式是社会治安综合治理的典型。是指由政法委负责领导并进行协调调动各种资源的配置，由法院直接参与并进行业务指导，以乡镇一级的人民调解委员会为基础组成镇、社区、村（企）三级网络，注重调解与诉讼的衔接，强化调解的纠纷预防的一种模式。再次是南通的大调解模式，这种模式由党委政府统一领导，由政法综治协调，依托司法部门，构建了一个横向由综治、司法、信访等15 个与社会矛盾关系密切相关的部门参与，纵向由在县、乡的调解中心、村一级的调解室、村民小组设立的调解站和每十户的信息员所组成的"大调解网络"。这种调解模式突破了人民调解行政司法部门归口管理的体制局限，并且深入到最基层的农民、居民家庭。最后是"上海长宁"模式，这是城市人民调解的一种创新，对于多元化纠纷解决机制的建立以及调解制度的改革也具有重要意义。上海长宁区的这种模式建立区、乡镇街道以及村委会居委会三级组织网络，并在街道一级建立专业化的人民调解委员会，解决了调解人员的稳定性和专业性问题，此外，还在法院设立人民调解窗口，与诉讼调解得到了较好的衔接。[1]

2. 专门性人民调解委员会，如北京的"小小鸟"人民调解委员会、社区物业纠纷调解委员会、医疗纠纷人民调解委员会等。"小小鸟"原是一个不受地域和行业的限制，以维护农民工权益为宗旨的非政府组织。2004年，"小小鸟"人民调解委员会在此基础上成立，东华门街道司法所为其制作了"人民调解委员会调解员工作证"，但其实际服务的范围不仅限于东华门街道所辖区域已延伸至整个北京市。为应对日益增加的物业纠纷，2006年朝阳区香河园街道办事处成立了北京首个社区物业纠纷调解委员会，专门调解社区内此类纠纷。2006年山西成立首家医疗纠纷人民调解委员会，专门调解医疗纠纷，此后北京、浙江等很多地区都成立了这种专门调解医疗纠纷的人民调解委员会。除此以外，交通事故调解委员会、劳动争议调解委员会等近年来都有了极大的发展。[2]

3. 专业化人民调解模式。专业化人民调解委员会的探索始于上海。2001年，上海首创了"首席人民调解员制度"，在社区内选聘有良好的法律知识同时具有较高威望的人担任首席调解员。此后，这种专业化的探索不断创新，出现了像"李琴工作室"这样的专业化的调解组织和南京鼓楼区的专职人民调解员的工作模式。"李琴工作室"作为街道调委会的工作载体，同时也是专业性的人民调解组织，其工作的展开是通过与街道办

〔1〕 范愉：《纠纷解决的理论和实践》，清华大学出版社2007年版，第534～542页。
〔2〕 毋爱斌："对我国各地人民调解模式的考察"，载《法治论坛》2009年第2期。

签订工作责任书而展开。2004 年，江苏街道与工作室签约进行了政府购买人民调解服务的新探索。2005 年 8 月专职人民调解员的工作模式在南京鼓楼区江东街道开始展开，为提高人民调解的专业化水平探索了一条新道路。[1]

第四，广安模式，即在市级设立广安市人民调解委员会联合会。与前几种模式不同，其建立的初衷是为了解决跨区域、跨行业的复杂纠纷，最显著的特征便是在保障人民调解委员会联合会群众性、自治性的基础上实现其综合性纠纷解决机制的构想。其制度设计为在原有的村民委员会、居民委员会下设的人民调解委员会以及企事业单位、乡镇人民调解委员的基础上成立由这些人民调解委员会及其调解员所自愿组成的（县）市级人民调解委员会联合会，再由联合会这一自律性自治机构产生（县）市人民调解委员会以及相应的行业性、专业性人民调解委员会，所辖区域内各人民调解委员会平行并列不存在隶属关系。联合会的法律性质定位于所辖区域各人民调解委员会和调解员自发组织、自愿参加的非营利性、行业自律性群众组织，其法律地位是所辖区域各人民调解委员会的自律性指导和协调机构，是市、县（区市）人民调解委员会和行业性、专业性人民调解委员会的组建机构。[2]

除以上几种模式以外，还有为提高人民调解员进行调解的积极性而采取的改革。如金平县"以奖代补"的激励机制，即

---

[1] 毋爱斌："对我国各地人民调解模式的考察"载《法治论坛》2009 年第 2 期。

[2] 王正力："四川广安建立市县级人民调解委员会联合会的探索"，载《法治论坛》2009 年第 2 期。

以按照一定的标准奖励成功调解纠纷的调解员，从而取代以往补贴的方式以调动调解员调解纠纷的积极性。湖南省华容县采取的则是民主评议制度，这是为促使纠纷解决而针对难以调解成功的案件所实行的另一种改革。

（四）《人民调解法》的颁布

2010 年 8 月 28 日《人民调解法》经第十一届全国人大代表大会常务委员会审议通过，并于 2011 年 1 月 1 日开始施行。这在人民调解发展史上具有里程碑式的意义，不仅使人民调解的法律地位得以提升，而且为新时期人民调解工作提供了全面详细的法律依据和有力的法律保障。人民调解法重申了人民调解群众性自治性的性质，体现了人民调解制度的灵活性、便民性，在规范村民委员会、居民委员会以及企事业单位的人民调解委员的同时也为新型人民调解委员会的组成预留了制度空间，并且第一次以法律的形式明确了人民调解协议的效力和司法确认制度，规定了人民调解与其他解纷方式的衔接。这既是对长期以来人民调解工作在理论和实践进行探索所获得的有益经验的肯定和总结，也是对人民调解在当下所面临的问题的回应和展望，对于新时期人民调解制度的完善和人民调解工作的展开具有重要意义。

第二节 《人民调解法》评析

《中华人民共和国人民调解法》（以下简称《人民调解法》）的颁行是我国当前社会治理的需要，将开启我国多元化纠纷解决机制建构的新起点。其立法过程中不仅涉及了诸多利益的博弈，还贯穿着许多重要的理念冲突。立法机关在司法化与民间化、群众性与职业化、统一与多元、灵活适宜与规范程序、垄断与开放等不同选项之间，较充分地听取了各界的意见，经过集思广益，在草案的基础上作出了相对合理的抉择，使这部立法具有了务实、开放等特点和一定的前瞻性。当然，作为一部法律，《人民调解法》并不能解决所有急需解决的问题，在其实施中仍存在一些不确定因素，而法学界也必将提出各种意见。本文在探讨这一立法过程及其主要成就的同时，对其发展前景和问题进行了分析。[1]人民调解制度作为一种融合了我国传统资源与体制特色的纠纷解决机制，在改革开放以来经历了否定之否定的过程：①进入新世纪之后，基于社会治理和纠纷解决的实际需求，人民调解重新得到重视，并进入了立法日程。②实际上，制定《人民调解法》的原因并非完全因为这方面缺少法律规制或法律层级低，不仅有1954年、1989年、2002年制定颁布的相关行政法规和规章，而且1982年《宪法》和村、居委会组织法以及《民事诉讼法》都对人民调解作出了专门规定。然而，由于这些法规之间存在微妙差异，导致社会对人民调解的定位及其在法治中的作用产生了各种误解，人民调解在实践中确有错位和混乱，尤其是出现了行政化和司法化倾向。③因此，"完善人民调解制度，规范人民调解活动，及时解决民间纠纷，维护社会和谐稳定"就成为《人民调解法》的立法目的。根据全国人大常委会和国务院立法工作计划，司法部经过几年

---

[1] 范愉："中华人民共和国人民调解法评析"，载《法学家》2011年第2期。

的调研、论证，几易其稿，起草了《人民调解法（草案送审稿)》，于 2009 年 4 月报请国务院审议。国务院法制办在广泛征求意见的基础上，会同司法部反复研究修改，形成了《人民调解法（草案）》（以下简称草案）。草案于 2010 年 5 月 5 日国务院第一百一十次常务会议讨论通过，向社会公布，征求各界的意见。在此基础上，经过再次修改，十一届全国人大常委会第十六次会议于 2010 年 8 月 28 日审议通过了《人民调解法》。④这项具有中国特色消除纷争、化解矛盾的非诉讼纠纷解决方式进入制度化、规范化的轨道，以便更好地发挥其社会矛盾"减压阀"的作用。这部新通过的法律共 6 章 35 条，在总结我国民间调解经验基础上，以国家立法的形式对人民调解的原则、任务和性质，调解员选任和调解组织形式，调解的效力、程序等问题作出规定，是人民调解制度的重大进步。新实施的《人民调解法》将人民调解工作从《民事诉讼法》中单列出来，体现了国家对人民调解工作的重视。这在一定程度上化解了人民调解与民事审判的冲突，并且能够更好的兼顾节省诉讼成本与维护公平公正，达到积极调解与严格审判的共赢。

一、人民调解法的进步与亮点

（一）提升了人民调解制度的法律位阶

《人民调解法》与《人民调解委员会组织条例》、《人民调解工作若干规定》相较，在法律位阶上有所提升。首先，《人民调解法》创制主体的等级性较高。各种法律渊源的规范性法律文本创制主体存在等级性，《人民调解法》的创制主体是全国人大常委会，属于法律。而《组织条例》的创制主体是国务院，属于行政法规，《若干规定》的创制主体是司法部，属于部委规章。从主体的等级来看，《人民调解法》等级较高，位阶有所提升。其次，《人民调解法》调整事项的包容性较广。不同等级的创制主体所创制的各种法律渊源的规范性法律文本在调整事项方面存在包容性，《人民调解法》也遵循这一规则。《组织条例》规定的是人民调解委员会的性质、组织机构、人民调解员的选拔等事项，《人民调解法》则将这些相关规定加以整合提炼，分别用两章规定人民调解委员会和人民调解员。

由此可见，上位法《人民调解法》与下位法《组织条例》形成包容与被包容的关系。最后，《人民调解法》中的法律概念抽象性较高。作为法律规范构成要素的法律概念抽象程度越强，其法律位阶就越高。最抽象的法律概念位于金字塔的顶端，它的内涵被抽象到极致；而抽象程度最弱的概念位于金字塔的底层，其数量众多，但涵盖范围有限。《人民调解法》规定的某些法律概念抽象性比《组织条例》和《若干规定》要高，如关于"人民调解"的概念，《组织条例》和《若干规定》并未做明确说明，而《人民调解法》在第 2 条就予以明确的概括，即指人民调解委员会通过说服、疏导等方法，促使当事人在平等协商基础上自愿达成调解协议，解决民间纠纷的活动。

（二）保障了人民调解的群众性、民间性、自治性

人民调解是人民群众自我管理、自我教育、自我服务的一项制度，这些优点也是人民调解制度深受群众欢迎的根本原因。人民调解的群众性、民间性、自治性是人民调解工作赖以存在的基础，也是长期以来人民调解工作保持强大生命力、深受群众欢迎的根本原因。尽管人民调解的调解领域、组织形式、工

作方式有许多新的发展变化，但这一性质始终没有改变，也不能改变。人民调解法明确了人民调解工作的三项原则，即不违背法律、法规和国家政策；在当事人自愿、平等的基础上进行调解；尊重当事人的权利，不得因调解而阻止当事人依法通过仲裁、行政、司法等途径维护自己的权利。这一规定进一步巩固和坚持了人民调解的自治性的性质。另外，《人民调解法》第18条贯彻了人民调解优先原则，规定基层人民法院、公安机关对适宜通过人民调解方式解决的纠纷，可以在受理前告知当事人向人民调解委员会申请调解。据此，法院在立案之前或公安机关行政裁决之前，从维护当事人的权益角度出发，认为某些案件的首选纠纷解决方式并非诉讼程序、行政程序时，即可以引导当事人通过人民调解来解决其纠纷。总之，《人民调解法》保障了人民调解的群众性、民间性、自治性的性质和特征。

（三）完善了人民调解的程序设置

《人民调解法》的程序设置更加科学。《人民调解法》程序设置的科学性主要体现在两个方面：首先，《人民调解法》的价值是合理的，其能够体现平等、自由、民主、人权等价值；其次，《人民调解法》的形式是合理的，即述明语言精炼明确、结构完备、规则体系协调统一等。具体而言，①《人民调解法》规定的程序清晰、明确。人们通过遵循某种程序期望达到某种目的，首要条件是该程序必须是明了易懂的。如果程序模糊不清，当事人的行为达不到预期的目的，就会对程序本身产生怀疑。《人民调解法》与《人民调解委员会组织条例》、《人民调解工作若干规定》相比，措辞更加明确和精辟，程序更为明了易懂。如《人民调解委员会组织条例》规定人民调解员不得徇私舞弊、不得吃请受礼，但"徇私舞弊"和"吃请受礼"并非专业的法律词汇，在实务操作中易引起歧义。针对这一不足，《人民调解法》去掉了这两个模糊词汇，并改为"人民调解员不得偏袒一方当事人、不得索取、收受财物或者牟取其他不正当利益"，使得概念更为清晰准确。②《人民调解法》本身是和谐统一的。《人民调解法》共分为六章，且衔接紧密、相互协调，便于统一适用。③《人民调解法》的逻辑结构是完备的。《人民调解法》全文共分为六章，逻辑结构严密，包括实体性规则和实施性规则。《人民调解法》按照程序主体、主体行为、行为的时序、程序法律关系内容、程序后果的编制顺序分为总则、人民调解委员会、人民调解员、调解程序、调解协议、附则，更为科学合理。

（四）扩大了当事人意思自治的范围

当事人的意思自治体现了当事人的自由处分权，对于涉及自己利益的实体性和程序性权利，当事人可以自由处分，调解员以及任何第三人都不可以干预。这一原则要求调解员充分尊重当事人的意志和人格，不能把当事人当作实现某种目的的工具。调解制度最大的优势在于能够最大限度的尊重当事人的意思自治，《人民调解法》更是进一步扩大了这一保护范围，主要体现在以下方面：首先，《人民调解法》将调解的原则提前至第3条，并将当事人自愿调解原则调整于人民调解委员会依法调解原则之前，体现了对当事人意思自治的重视与尊重。其次，《人民调解法》扩大了当事人权利的范围。《人民调解法》第3条将尊重当事人的诉讼权利改为尊重当事人权利"诉讼"两个字的删除，扩大了当事人权利范围。而且，《人民调解法》规定调解员不可以阻碍当事人向法院、政府、仲裁等机构寻求救济。这表明除了当事人的诉权以外，当事人寻求其他救济的权利也受《人民调解法》保护，从而进一步扩大了当事人意思自治的范围。再次，《人民调解法》增加了当事人可以选择调解员的权利。规定了人民调解委员邀请第三人参与调解需征得当事人的同意。这些都体现了《人民调解法》对当事人意思自治的尊重。最后，《人民调解法》在当事人的权利部分增加了当事人可以要求公开或不公开调解的权利。这一方面是当事人处分的表现，另一方面也是程序公开理念的体现，表明我国的人民调解制度在程序公正方面有所进步。

（五）确立了司法确认制度

在以往的人民调解制度中，人民调解协议不具有强制执行的效力，因而一旦义务人拒不履行义务，往往还需重新进入诉讼程序。这不但增加了当事人的诉累，也浪费了大量的司法资源，加大了法院的工作压力。司法实践中，一些地方的法院对人民调解协议的司法确认进行了有益探索。以此为基础，《人民调解法》第33条对这一机制做出了明确的规定。人民调解法对人民调解协议的司法确认制度明确作出规定，是人民调解工作与法院调解活动有机衔接的一项重要制度创新。一方面，司法确认制度体现了国家对人民调解的大力支持，有效强化了人民调解协议的效力，维护和提升了人民调解的公信力，是司法权给予人民调解支持的重要保障性程序机制。另一方面，它以一种高效、简便、彻底、快捷、和谐、经济的程序机制给予当事人有效的司法救济和司法程序的保障。司法确认程序不需要当事人提起诉讼，有效减轻了法院诉讼案件的压力。此外，司法确认制度并没有剥夺或弱化当事人获得司法救济的基本权利。司法确认制度的创立，实际上是在强化人民调解协议的法律效力与保障当事人的司法救济权之间找到了平衡点，体现了程序设计的合理性、科学性、可操作性，对于充分、高效地保护当事人的合法权益具有重要意义。

二、立法的主要成就

毫无疑问，《人民调解法》是我国社会各界、基层实务工作者和各级司法行政机关共同努力的结果，而立法者充分听取了社会各界的意见，较准确地把握了法律的基本原则和尺度，所取得的立法成果是值得充分肯定的。尽管没有、也不可能完全达到所有预期目标，但该法的制定实施将会给人民调解和非诉讼纠纷解决机制带来重要的发展契机，也可以对实务部门的实践和民众行为起到指引作用。其主要成就可概括为以下几点：

1. 强调了国家和地方政府对人民调解的责任。法律规定，国家鼓励和支持人民调解工作，县级以上地方人民政府对人民调解工作所需经费应当给予必要的支持和保障，对有突出贡献的人民调解委员会和人民调解员按照国家规定给予表彰奖励。所谓国家责任，包括通过立法明确人民调解正当性及各相关机构的指导职责，引导群众利用人民调解解决纠纷，以及对人民调解员及其工作的支持、激励、保障等。地方政府的责任，则包括财政保障，对人民调解的组织、人员、工作的支持、指导及监督等。这些责任的明确，必将对人民调解的发展产生推动作用。

2. 坚持了宪法对人民调解的基本定位，即以村（居）委会等人民调解组织作为基础和主体，保持其群众性，以充分发挥其在纠纷的预防、社区治理、群众的组织动员、道德弘扬、法制宣传等方面的社会功能，维护了人民调解的特色和价值。

3. 通过开放性的制度设计，允许社会团体或者其他组织根据需要"参照本法有关规定设立人民调解委员会，调解民间纠纷"，为今后人民调解的多元化发展提供了空间。人民调解的重点和基础是基层自治组织的民调组织，在今后的实践中，既不能以专业化、职业化调解机构取而代之，也不能用过高的标准限制基层群众的广泛参与。然而，法律并不限制其他类型调解组织的建立，一些高端性的调解组织也将有良好的发展机会，例如人民法院的人民调解窗口，处理医疗纠纷、交通事故赔偿纠纷、治安纠纷调解机构等专业性调解机构等。这些调解机构的人员构成与基层社区调解有所不同，需要设立更高的资质要求，如由退休法官、资深专职调解员、特定领域的专家或各利益相关方代表等担任；在程序等方面的规范也更为严格。《人民调解法》是一部开放性和授权性的法律，可以通过行政法规、实施细则、地方性法规、司法解释乃至行业规范、机构规章制度等加以填充和适当的扩展。目前，司法部和最高人民法院都已着手准备制定行政规章和司法解释，各地也会相继制定地方性法规等，由此可见，今后人民调解将会在统一的基本框架下继续保持多元化的发展格局。

4. 有利于实现人民调解的现代转型。如前所述，立法有关调解基本原则、程序、保密性、调解员和当事人的权利义务、公众参与等规定，有利于规范人民调解活动，提高调解的作用和社会效果。

总之，《人民调解法》有利于保障和促进人民调解的发展，引导各地充分利用人民调解制度资源，减少无序的发展和竞争，引导一些符合民间调解特征的调解组织（包括消协调解）融入人民调解的组织系统，形成合力。该法的"授权法"特点也给各地方和部门留下了较大的自主空间，鉴于纠纷解决实践的特性和地方差异，实务部门仍会继续"摸着石头过河"，在实践中，既有可能导向积极的创新发展和多元化模式，也不免会出现一些新的混乱和问题。与此同时，其他民间调解组织亦可充分借本法之力，提升其地位和正当性，积极以不同方式参与纠纷解决，成为人民调解的合作和竞争的伙伴，获得更大的发展。因此，该法实施后，民间非诉讼机制多元化的格局和趋势并不会改变。

第三节　人民调解运行中存在的
问题及原因分析

我国人民调解从建立初期，一直发挥重要的调解纠纷作用。直到我国改革开放后，尤其是20世纪90年代中后期，随着我国市场经济的快速发展，社会转型进程的加快，人民调解在中国日益增多的纠纷解决中的作用正在弱化，并且呈现出行政化的趋势，没有完全发挥其所应承担的社会功能。人民调解委员会解决纠纷的数量大幅下降，与诉讼受案数量形成鲜明对比。人民调解不能适应解决社会纠纷需要的直接原因在于人民调解制度本身存在缺陷，体现为调解组织体系的僵化、调解员素质的参差不齐、调解程序的随意性和不规范性、调解保障工作的落后等，而根本原因则是人民调解的体制性障碍。2011 年 1 月 1 日起开始施行的《人民调解法》具有浓厚的法律编纂性质，保守有余，创新不足。传统的人民调解不会因《人民调解法》的制定、实施而实现根本性的变革。人民调解不应向行政化方向发展，其发展趋势应是高度的社会化和完全的自治性。

一、人民调解运行中存在的问题

人民调解在化解民间纠纷、维护社会稳定获得新的发展的同时，在运行中也面临着社会变迁的现实考验，遇到了一些问题。首先，进入上世纪 90 年代以来人民调解组织的数量呈下降的趋势。1990 年全国共有调解委员会 102.00 万个，而这一数字在 2008 年下降为 82.74 万个，下降率达 19%。截至 2011 年，人民调解组织的数量又下降至 81.1 万个。其次，人民调解组织所解决的纠纷数量总体上也呈下降的趋势。1990 年人民调解委员会调处纠纷 740.9 万件，而到 2005 年上述数字下降为 448.7 万件，下降率达到 39%。从 2005 年开始，人民调解受理的纠纷数量开始增加，到 2008 年达到 482.9 万件，但与 1990 年相比依然下降了 34%。虽然在 2010 年和 2011 年我国人民调解受理的纠纷数量急剧增长，2011 年通过人民调解的纠纷数量达到 893.5 万件，但相比 1990 年增长率只上涨了 20.6%。而与此同时，诉讼作为一种具有强制力的纠纷解决方式却备受推崇，法院所受理的一审民事案件的数量一直呈上升的趋势，从 1990 年的 244 万件一直增长到 2008 年 541.26 万件，2011 年增长到 661.4 万件，相比 1990 年增长率达到 36.9%，超过了人民调解。不可否认，以上数据表明在当今社会人民调解的作用有所弱化，而诉讼则得到强化。然而正如"政治治理的任务绝不可能只依靠单一层级的政府来完成"[1]一样，并不是仅仅通过诉讼就能让所有的纠纷得到有效的解决。

诉讼的强化并没有使得社会纠纷得到有效快速的解决，并且在纠纷的预防和防止纠纷的扩大和升级方面更加难以得到有效的控制。尤其对于一些不适宜以诉讼方式解决的纠纷，"裁判的结果和实施惩罚的轻重在很大程度上诉诸人们的直观、感性的正义观念和道德情操，也使得包括司法官员在内的所有参与者偏好审判结果的实质公正，而并不太在意甚至是厌恶所谓的程序公正"，[2]从而造成对司法权威的损害。在当今社会，人们在相互交往更加频繁的同时利益关系也更为复杂，这一切都使得纠纷在数量激增的同时其结构也更为复杂和多样。与此相对应，对纠纷解决方式的需求也更加多样化，所需要建立的是一个多元化的纠纷解决机制，不同类型的纠纷需要不同的解决方式，或者说不同的纠纷解决方式所调解的纠纷的范围是不同的。所以，面对人民调解的弱化和诉讼作用的加强，所需要做的是分析问题的原因，以寻求人民调解在多元化纠纷解决机制中的合理定位。

二、影响人民调解作用有效发挥的原因分析

（一）社会的转型

社会转型从其字面含义而言是指社会由一种类型向另一种

---

[1] 封丽霞：《中央与地方立法关系法治化研究》，北京大学出版社 2008 年版，第 2 页。

[2] 封丽霞：《政党、国家与法治——改革开放 30 年中国法治发展透视》，人民出版社 2008 年版，第 433 页。

类型的过渡和转变，但是从不同的角度来讲由什么类型向什么
类型转变学界却并未形成一致的看法。一种观点认为"社会转
型"与"社会现代化"的内涵基本一致，指由传统农业社会向
现代工业社会的过渡和转变[1]；另一种观点则认为，社会转型
与现代化并不重合，是指全局、整体和根本性的社会转变[2]。
也有学者认为中国社会的转型是双重转型，既是从传统农业社
会向现代工业社会的转型也是从计划经济向市场经济的转
型。[3]不同学者从不同切入点阐释了社会转型的含义，但对于
其核心的内涵都认为社会转型是迈向文明的追求，是一个长期
的带有全局性、根本性的社会转变，这一转变既包括社会经济
结构的转变也包括政治结构和文化观念的改变。"当前我国社会
正处于从传统社会向现代社会转变的过渡过程中，作为一种宏
观层次的整体性社会变迁，社会转型必然会冲击社会生活的方
方面面。"[4]人民调解作为一种实践性的纠纷解决制度必然要经
历社会转型的考验。

1. 经济结构由计划经济向市场经济的转变。在计划经济体
制下，人们的生活消费品和工作机会都是由国家通过各单位统
一管理和分配，村委会与居委员及所在单位都是大家所信赖的
权威，大多数人都是按既定的方式生活，彼此之间的民间纠纷

---

〔1〕　郑杭生：《转型中的中国社会和中国社会的转型》，首都师范大学出版社
1996 年版，第 151 页。

〔2〕　孙立平："社会转型：发展社会学的新议题"，载《社会学研究》2005 年
第 1 期。

〔3〕　贾高建："当代中国社会发展中的双重转型"，载《中共中央党校学报》
1997 年第 2 期。

〔4〕　刘祖云：《社会转型解读》，武汉大学出版社 2005 年版。

都能在上述组织领导或其他成员的说服劝导下得到解决，人民调解工作比较好展开。因为传统组织结构与现代的组织结构的最大的区别，就在于单位在传统的组织结构里，不仅仅是建立在社会分工的基础上，而且也将其作为经济社会的运作组织体，起到调解我国单位内部纠纷的效用。

伴随着市场经济的发展，社会经济成分和分配方式都发生了极大的改变，人们的生活方式也较以往有了极大的不同。大家通过不同的方式作为主体参与市场交换与竞争，对市场行为的规范虽然不能否认行政手段的作用，但更为主要的方面是依法而行。面对相互之间的经济交往的增多而导致纠纷激增，人们更倾向于选择诉讼以获得一个是非清楚的判决结果。

2. 经济结构的转变必然带来政治体制的改革和社会结构的变迁。随着市场经济的快速发展及城市化进程的加快，社会主体已经渐渐地脱离了原有的以地域为基础、以单位为基础的组织形式，传统的单位制已逐渐瓦解。具体表现在城市与农村两个不同地域上。就农村而言，因为我国城乡二元结构主体的解体，使农村人口大量的涌入城市，原来的以血缘、地缘、家族等为基础的传统农村共同体遭到了瓦解。取而代之的是农村人口的大幅度、大范围的流动，这无疑使原有的封闭状态、传统的社会结构受到了严重颠覆。主要表现为原有的"熟人社会"正逐渐被以契约性质的社会关系，以及由此形成的"陌生人社会"所取代。即我国已经开始由"熟人社会"向"陌生人社会"变迁。在农村，具体表现为原来的人际关系由相互依赖、相互熟悉向彼此陌生和独立的转换，随之而来的是引起我国矛盾、纠纷的复杂化、多样化。在城市中，由于我国社会结构的深刻变化，传统的人民调解所依据的社会规范里，已经有很多内容与新型的社会结构不相适应。人们身份上也开始从"单位人"向"社会人"转变。在城市里，由于利益关系、分配方式的复杂化与多样化，个人利益趋势的显著增强等原因，导致了我国城市里的人们之间的距离逐渐扩大。

在社会秩序的重构的过程中，出现了大量的纠纷和矛盾，这些纠纷的结构与以往有着极大的不同。首先就纠纷主体而言，这些纠纷的主体不仅仅是公民之间以及公民与法人、其他社会组织之间，还包括法人之间以及企业法人与行政机关之间；其次就纠纷的内容而言，也早已超出传统的邻里纠纷的范围，出现了农民工进城务工发生的纠纷、下岗失业工人与企业所发生的纠纷，农村土地承包纠纷、拆迁征地纠纷等新型的纠纷类型。这些类型的纠纷对于人民调解来说无疑是一个巨大的考验，如果纠纷得不到及时、有效的解决，人们只得选择诉讼。

3. 社会转型带来了人们社会观念的转变。改革开放以后，民主与法制已成为共识，我国开始走上依法治国的道路，反映在社会生活层面就是要人们提高法律意识、遵守法律规定、学会运用法律维护自己的合法权益。这本是建设法治国家题中应有之意，但是由于对法治内涵理解的偏差以及本土法治传统和经验的缺乏造就了对诉讼的迷信，追崇"法治万能"、"诉讼万能"，掀起了一种所谓的"纯粹法治主义思潮"。曾经出现这样的观点："在法治现代化的进程中，需要优先解决的问题，是正式的法律体系的建立健全，而不是传统的、非正式机制的利用和发展；需要强调的，是国家法律和司法的统一和至高无上的权威，而不是当事人根据多样化的社会规范进行的自治和自律；

需要重视和加强的，是公民通过正式的法律途径实现自身权利的意识，而不是通过非诉讼程序进行交易、达成妥协。"[1]这种对社会主流意识产生了误导。

与此同时，人民调解被视为是法治的对立而受到非议，被认为是传统中国缺乏法治的产物，是一种落后的纠纷解决机制。"调解的本质特征即在于当事人部分地放弃自己的合法权利，这种解决方式违背了权利是受国家强制力保护的利益的本质，调解的结果虽然使纠纷得到解决，但付出的代价却是牺牲当事人的合法权利，这违背了法治的一般要求。"[2]由此，人民调解受到了很大的冲击，处于被边缘化的境地。虽然不可否认人民调解本身存在的问题，但是作为一种承载了传统法律文化的本土资源，通过改革和完善是能够融入现代法律体系的。

（二）人民调解制度本身所面临的问题

除了社会转型所带来的经济结构、社会结构和人们社会观念的变化给人民调解带来的冲击外，人民调解制度本身所面临的问题是制约其充分发挥解纷作用的又一障碍。

1. 人民调解的范围缺乏明确规定。关于人民调解的适用范围，《人民调解法》规定得比较模糊，仅仅在具体法条上规定为"民间纠纷"。目前，只是在2002年司法部出台的《人民调解工作若干规定》第20条规定："人民调解委员会调解的民间纠纷，包括发生在公民与公民之间、公民与法人和其他社会组织之间

---

〔1〕 范愉：《非诉讼纠纷解决机制》，中国人民大学出版社2000年版，第610页。

〔2〕 徐国栋：《民法基本原理解释：成文法局限之克服》，中国政法大学出版社1996年版，第123~124页。

涉及民事权利义务争议的各种纠纷。"但是何为民间纠纷，民间纠纷的内涵外延是什么，相关法律、法规、司法解释都没有明确的规定。《人民调解委员会组织条例》第1条规定："为了加强人民调解委员会的建设，及时调解民间纠纷，增进人民团结，维护社会安定，以利于社会主义现代化建设，制定本条例。"《人民调解工作若干规定》第3条规定："人民调解委员会的任务是：①调解民间纠纷，防止民间纠纷激化；……"《人民调解法》第2条规定："本法所称人民调解，是指人民调解委员会通过说服、疏导等方法，促使当事人在平等协商基础上自愿达成调解协议，解决民间纠纷的活动。"

上述法条对民间纠纷定义的缺位，导致实践中人民调解组织具体操作的盲目和随意，而已有的范围标准也让人民调解面临两方面的问题。首先，从理论上说人民调解的范围除法律的强制性规定对这一方式予以排除以外，应该不受到限制，其范围甚至可以调整诉讼无法涉及的道德领域。但是可以调解并不代表适宜以这种方式来解决纠纷，上述规定仅从纠纷主体标准进行了规定，而对纠纷的内容标准没有涉及，使得人民调解范围标准不够明确。其次，社会转型所带来的利益关系复杂化，社会纠纷内容的变化使得纠纷的主体较之以往有了较大的变化。传统人民调解以家庭、邻里纠纷为主要的调整对象，相应的纠纷当事人一般是公民，但是当下中国社会出现了很多新的纠纷类型，如环境污染所产生的纠纷、物业管理纠纷、医患纠纷、城市拆迁产生的纠纷等，其所涉及的主体不仅仅限于公民之间或者公民与法人及其他社会组织之间。人民调解作为一种自治的纠纷解决方式强调的是双方当事人的合意，对于法人或社会组织之间的纠纷不应该排除人民调解方式的适用。除此以外，对于轻微刑事案件如果当事人不自诉或自诉后又撤诉的，人民调解委员会也可对其进行调解，这类案件的调解也已纳入人民调解的实践中。

对人民调解范围规定的缺失不能不说是新近通过并开始施行的《人民调解法》的一大遗憾。全国人大委员吕薇认为："应该明确规定民间纠纷的定义和范围。"姜兴长、黄镇东等全国人大委员也提出："没有对适宜或者不适宜人民调解的纠纷范围作出规定，这样就有可能在调解实践中产生争议。"对民间纠纷的模糊规定，导致人民调解组织往往无法准确把握纠纷类型和纠纷性质，对区别于传统家庭、邻里纠纷的其他类型纠纷，是否应该由人民调解组织在征得纠纷当事人双方同意的情况下先行调解处置还是由人民法院、公安机关或其他行政机关排他性地受理解决，在实践中往往做法各不相同。如对民间纠纷激化引起的诸如打架、群殴等治安案件，在公安部门还未受理的情况下，人民调解组织应否参与调解处理，在调解组织调解下，纠纷当事双方达成合意的，纠纷已平息的，公安行政部门是否仍旧应按照《治安管理处罚条例》对该纠纷进行立案处理。实践中，不同地区做法不尽相同。

2. 人民调解委员会的组织形式问题。人民调解组织是依法设立的调解民间纠纷的群众性组织。目前，各地在乡村、街道、社区、人民法院、派出所、企业等基层大都设有人民调解室和人民调解委员会开展人民调解工作。根据相关数据显示，截止2010年底，我国人民调解委员会的数量发展为90.4万个，人民调解员660.7万人，调解的纠纷总数为450.4万件。

　　我国《宪法》第 111 条规定："城市和农村按居民居住地区设立的居民委员会或者村民委员会是基层群众性自治组织。居民委员会、村民委员会的主任、副主任和委员由居民选举。居民委员会、村民委员会同基层政权的相互关系由法律规定。居民委员会、村民委员会设人民调解、治安保卫、公共卫生等委员会，办理本居住地区的公共事务和公益事业，调解民间纠纷，协助维护社会治安，并且向人民政府反映群众的意见、要求和提出建议。"《人民调解法》第 7 条规定："人民调解委员会是依法设立的调解民间纠纷的群众性组织。"可见，人民调解组织建立在基层自治的基础上，其基本功能是解决民间纠纷，属于一种民间纠纷解决机制，具有群众性、自治性和公益性的特征。[1]而且，人民调解应该是："人民自我管理的自治性机构，而不是国家机器。它的工作是调解而不是强制执行。它的权威只来源于调解的合法性和公平性以及争执者的合意。"[2]

　　然而，随着近 30 年来相关法律、规章的颁布，人民调解组织的性质在实践中出现了与原有定位的某种分化，行政化色彩日益加强。1989 年 6 月国务院颁布的《人民调解组织条例》第 2 条规定："人民调解委员会是村民委员会和居民委员会下设的调解民间纠纷的群众性组织，在基层人民政府和基层人民法院指导下进行工作。"1990 年《民事诉讼法》延续了这一思路，其第 16 条规定："人民调解委员会是在基层人民政府和基层人

　　[1]　徐国栋：《民法基本原理解释：成文法局限之克服》，中国政法大学出版社 1996 年版，第 123 ~ 124 页。
　　[2]　张友鱼："谈谈人民调解工作的几个问题"，载《法学研究》1987 年第 1 期。

民法院指导下，调解民间纠纷的群众性组织。"这种制度设计强化了国家对人民调解的管理和指导，使人民调解组织在发挥自治功能的同时，亦可成为非正式的司法或行政的一环。2002 年司法部制定的《人民调解工作若干规定》在延续《人民调解委员会组织条例》的基本精神的基础上，将司法助理员及以其为主的乡镇街道调解组织纳入了人民调解范畴。《人民调解工作若干规定》第 13 条规定："乡镇、街道人民调解委员会委员由下列人员担任：①本乡镇、街道辖区内设立的村民委员会、居民委员会、企业事业单位的人民调解委员会主任；②本乡镇、街道的司法助理员；③在本乡镇、街道辖区内居住的懂法律、有专长、热心人民调解工作的社会志愿人员。"上述规定在强调人民调解组织的制度化和规范化地同时，进一步强化了其行政色彩。

　　虽然《人民调解法》对人民调解委员会的形式予以了扩展，在规定村委会、居委会设立人民调解委员会的同时，还规定企业事业单位根据需要设立人民调解委员会，企业事业单位设立的人民调解委员会委员由职工大会、职工代表大会或者工会组织推选产生。但同时，在附则部分还规定了乡镇、街道以及社会团体或者其他组织根据需要可以设立人民调解委员会，这样的规定给乡镇、街道以及社会团体的人民调解委员会的创设预留了制度空间。人民调解委员会的性质为群众性自治组织，是作为村委会、居委会的组成部分由村民会议或代表大会以及居民会议推选产生，对民间纠纷的调解是群众自我管理、自我服务、自我教育、自我监督的自治行为。而乡镇一级的调解组织虽然也称为"人民调解"，但在大多数情况下其工作更为接近行政调解。

首先，从调解组织的组成看，通常都是由党委政府统一领导，以司法所为基础，同时整合其他与纠纷解决相关的职能部门和社会力量形成"大调解"格局。其次，从调解组织所解决的纠纷来看，乡镇一级人民调解所解决的纠纷通常是村民委员会、居民委员会的调解委员会所不能解决的问题。就地域范围而言很多情况下都超出了自治体的范围，就内容而言也超出了婚姻、家庭、邻里纠纷，所面临的有土地承包、环境污染、拆迁安置等新型纠纷，甚至包括一些行政纠纷。乡镇一级调解组织该如何设立才能既保证人民调解委员会的自治性质又能适应社会的解纷需求是当前所面临的课题。

此外，《人民调解法》第5条规定："国务院司法行政部门负责指导全国的人民调解工作，县级以上地方人民政府司法行政部门负责指导本行政区域的人民调解工作。基层人民法院对人民调解委员会调解民间纠纷进行业务指导。"但是在实践中，政府部门的相关"指导"工作往往演变为了"领导"工作，使人民调解委员会这一自治性的组织过多的受控于行政机关的监管，人民调解的相关工作失去了其应有的独立性。有学者指出，法官在指导调解工作时不能很好地摆正自己的位置，往往直接根据自己的处理意见而制定调解协议，不考虑调解委员会和当事人的调解意见，这其实是一种法官提前介入诉讼程序的现象。还有《人民调解法》第6条规定："国家鼓励和支持人民调解工作。县级以上地方人民政府对人民调解工作所需经费应当给予必要的支持和保障，对有突出贡献的人民调解委员会和人民调解员按照国家规定给予表彰奖励。"上述法律的规定进一步明确了地方司法行政机关对人民调解工作的指导职能及基层人民法院的业务指导职能，基层人民政府在给予人民调解工作经费支持和保障的同时，进一步加强了行政权力对人民调解的融入。

3. 人民调解运行中的程序问题。调解实践中，更加强调的是实质正义和纠纷解决的快捷方便，却往往忽视形式上的正义和对过程的控制，反映在实际操作中，就是重调解结果轻调解过程，注重纠纷的就地解决却轻视调解程序对实质公平、正义的保障。

在 1989 年颁布施行的《人民调解委员会组织条例》中，并没有规定人民调解工作的具体法定程序，使"如何进行人民调解"无章可循，调解组织及调解员往往运用其在本居民群众中的威望和影响力对纠纷进行调处，虽然这样能够有利于矛盾冲突的及时处置和有效化解，但在调解过程中过多的自由裁量余地，使得调解过程易于感情用事，纠纷的处理凭借的是调解员个人的好恶，增加了实践中调解过程的随意性和不可控性。比如，纠纷处理过程中是否存在"和稀泥"的现象；是否被别有用心的一方当事人作为拖延纠纷解决的一种手段；是否有各打50 大板或故意隐瞒事实打压另一方当事人的情况；调解人员如果与当事人居住在同一社区，是否会因此更容易受到各种利害关系的影响，迁就势力大者，从而难以保持调解的中立性；调解方法是否简单生硬，存在以罚代调，越权处罚的情况；调解人员对违法与合法、罪与非罪的界限划分是否清楚等，上述情况完全取决于人民调解员个人素质和自我约束。

其实，人民调解的简便、迅捷、成本低、重结果等特点并不代表着对当事人最基本程序权利的拚弃，纠纷双方最基本的程序权利，如：调解是否应该公开，调解中当事人如何承担举证责任，怎样进行举证质证，调解委员会的中立性应该保持在什么程度，有利害关系的人民调解员是否应该主动回避，调解协议是否应该经过特定主体的审查，调解协议应具备哪些内容和格式等都应有所明确。[1]《人民调解工作若干规定》和《人民调解法》在程序上有了进一步的规定，尤其是《人民调解法》，以国家立法的形式在第四章中从调解主体、参加人、坚持原则、告知程序、纠纷当事人权利义务等多个方面对调解程序进行了规定，为人民调解程序上的工作开展提供了依据和支持。

但是，由于长久积累下来的工作惯性、主观认识的偏差及相关程序规定的原则性，调解工作的程序性要求并没有被很好的体现与落实，主要表现在对权利义务的告知和保护的忽视。往往注重调解结果，以矛盾冲突解决为首要目的，调解灵活性有余，但却有意无意地忽略了对当事人权利义务的程序性保障。"调解人员重视的是调解结果是否为当事人所接受，而对其中权利义务的划分是否清楚则不是很关心，这是目前调解工作中比较突出的问题。"[2]甚至有学者认为："程序与人民调解的本质不协调，而且从实际情况看，调解行为很多时候与纠纷同步进行，即在现场进行，在这种情况，要去追求理性的程序是荒谬的。"[3]导致上述情况，笔者认为主要有以下原因：一是目前我

---

[1] 李年终："论人民调解制度的完善——以'诉调对接'为视角"，载《时代法学》2007 年第 5 期。

[2] 魏仲杰：《我国人民调解制度研究》，山东大学 2005 年硕士学位论文。

[3] 刘云耕：《矛盾与化解——基层人们调解制度及其改进的研究》，中国社会出版社 2003 年版，第 37 页。

国调解人员本身法律专业知识、法治程序意识不强，有待进一步培养；二是相关规定在实践中"水土不服"，原则性强，指导操作性弱，不符合基层实际；三是对《人民调解法》的学习消化还需要一个过程；四是认为注重程序会与人民调解简便、灵活的特点相冲突。

4. 关于人民调解协议的效力问题。人民调解协议的效力问题与人民调解的公信力密切相关，所以一直是学界和人民调解的实践者重点关注的问题。长期以来，由于对人民调解协议的效力没有明确的规定导致在实践中经人民调解委员会调解所达成的协议得不到履行，甚至有学者认为人民调解协议效力的非约束力是导致人民调解功能弱化的一个重要原因。[1]

关于人民调解协议的效力问题，在学术界曾有如下几种主张：①人民调解协议不受法律保护，可以无条件反悔；[2] ②有关法律应直接规定人民调解协议具有法律效力，一方不履行的，另一方可以在法定期限内请求人民法院强制执行；[3] ③经人民法院审查核准后产生法律效力；[4] ④经基层人民政府复核后产生法律效力；[5] ⑤经公证后产生法律效力。[6]

---

〔1〕 张卫平："人民调解：完善与发展的路径"，载《法学》2002 年第 12 期。

〔2〕 曾建明、黄伟明："回顾与展望——论完善我国的人民调解制度"，载《中国政法管理干部学院学报》2000 年第 1 期。

〔3〕 徐剑锋："人民调解协议不等于合同"载《法治论丛：上海大学法学院上海市政法管理干部学院学报》2001 年第 2 期。

〔4〕 孙士祯："论人民调解协议核准制度"，载《中国司法》1999 年第 1 期。

〔5〕 查名祥："略谈加强人民调解协议法律效力"，载《安庆师范学院学报（社会科学版）》1999 年第 6 期。

〔6〕 郑耀抚："人民调解制度的新发展——关于试行人民调解协议公证制的报告"，载《中国司法》2000 年第 11 期。

2002 年最高人民法院出台《关于审理涉及人民调解协议的民事案件的若干规定》，以司法解释的形式明确规定了人民调解协议的民事合同性质，要求当事人按照约定履行调解协议，强化了人民调解协议的法律效力。《人民调解法》更是以法律形式明确了人民调解协议的效力并规定了司法确认制度。该法第 31 条明确规定，"经人民调解委员会调解达成的调解协议，具有法律约束力，当事人应当按照约定履行"。第 33 条则对司法确认制度予以明确："经人民调解委员会调解达成调解协议后，双方当事人认为有必要的，可以自调解协议生效之日起 30 日内共同向人民法院申请司法确认，人民法院应当及时对调解协议进行审查，依法确认调解协议的效力。人民法院依法确认调解协议有效，一方当事人拒绝履行或者未全部履行的，对方当事人可以向人民法院申请强制执行。人民法院依法确认调解协议无效的，当事人可以通过人民调解方式变更原调解协议或者达成新的调解协议，也可以向人民法院提起诉讼"。

以上两个条文的规定，很容易给人造成这样的误解："人民调解协议只有在经过司法确认以后，才具有当然的法律效力"[1]；如果在调解协议生效之日起 30 日内没有经过司法确认，即使法律规定"应当按照约定履行"，但是由于法律没有规定任何强制性的法律后果，当事人完全可以无视人民调解协议的效力而不予履行或不按照协议履行义务。这样一来，人民调解协议本身的法律效力似乎并没有通过《人民调解法》加以明确和保障。

---

[1] 张帆："人民调解法的特点和修改建议"，载《求实》2010 年第 S2 期。

此外，关于第33条规定的司法确认问题，有学者指出，最大的问题在于"协议当事人如何达成'共同申请'的确认？共同申请以什么样的形式来进行？一方当事人拒绝共同申请怎么办？"[1]而且，对于民事诉讼程序而言，有人提出这样的疑问：这样的司法确认法院应当以"确认之诉"的形式立案受理，还是直接通过某个登记备案程序加以确认？如果是通过"确认之诉"的诉讼形式，即使法院适用简易程序审理，也必然是将简单的争议纠纷通过人民调解程序和民事诉讼程序的两层审查，无疑浪费了司法资源，也不利于办案效率；如果是通过登记备案的形式加以司法确认，以目前我国法院的机构设置，尚没有这样的部门有明确开展此类业务，那么是否意味着法院将要重新设立一个部门专门受理人民调解协议的确认事宜？[2]

尽管2011年3月21日，最高人民法院公布了《关于人民调解协议司法确认程序的若干规定》，但该《规定》也仅仅是对人民调解协议司法确认的申请程序、确认范围、审理期限等作了简单规定，对于上述诸多疑问仍未给予正面回应。这些问题的存在，对民事诉讼程序和人民调解的纠纷当事人都提出了考验，给实践中的运作造成一定难度。在什么情况下和什么程度上赋予人民调解协议以执行力，是需要进一步研究的问题。

5. 人民调解在多元化纠纷解决机制中的定位问题。在人民调解与其他纠纷解决方式的衔接问题上，《人民调解法》第26条规定，"调解不成的，应当终止调解，并依据有关法律、法规

---

[1] 张存友："关于《人民调解法》实务工作中的十大困惑"，浙江海宁市人民调解实务论坛，2010年9月30日。
[2] 张衡：《人民调解制度研究》，复旦大学2011年硕士学位论文。

的规定，告知当事人可以依法通过仲裁、行政、司法等途径维护自己的权利。”但是对于在调解不成的情况下，人民调解与仲裁、行政、司法途径衔接的具体问题上却没有作出具体的规定。而在人民调解的实践中，乡镇一级所面临的纠纷情况复杂，新类型纠纷的出现突破了传统人民调解的范围，纠纷解决依赖政府主导，形成了当地党委、政府支持、由司法行政部门和相关职能部门组织的“大调解”模式，人民调解的政治功能得到强化。加之近年来很多地方的司法行政机关将增长点和工作重心放在发展乡镇、街道和社区的正规化的高端或专业调解机构上，致力于建立职业化的法律精英调解员队伍，法学界和公众则基于对法治的片面理解，对于非正式的调解缺少支持和认同。

因此，就整体而言，基层民调的作用和社会功能实际上并未真正实现。人民调解法实施后，各地司法行政机关应将其工作重点放在加强或重建基层民调组织之上，不过，从目前政策的惯性和各地方的实际工作重点看，至少在中心城市，准行政、准司法和专业化的调解组织将会成为今后一段时间的增长点，其结果可能会与立法的目标相左。[1]

6. 调解人员结构的问题。人民调解的基本定位主要是社区调解，以民间性和非职业化为特点，并大量吸收志愿者和社区民众参与；但另一方面，部分高端人民调解组织又可能具有某些准司法功能，如法院附设人民调解窗口和委托调解等，需要其人员具有较高的专业化和法律职业化程度。近年来，各地司

---

〔1〕 范愉：“中华人民共和国人民调解法评析”，载《法学家》2011 年第 2 期。

法行政机关不断追求人民调解组织的正规化，法律职业的渗透日益加深，社会对司法、诉讼、法律专业知识、学历倍加推崇，甚至主张以正式的"专业化"调解机构和具有更高法律知识背景的调解员（如退休法官或年轻的法学院毕业生），全面取代原有的基层人民调解组织。"在中心城市和专业化解纷机制中，这种安排固然具有一定的合理性，但其毕竟与社区调解的定位和理念存在差距，容易与基层社区民众产生疏离，不利于调动社区群众的参与。"[1]"《人民调解法》采用的'就低不就高'模式，并不能自然消除因人民调解组织的多元性而造成的人员结构方面的矛盾，法律虽然力图纠正司法化偏向，但在实务部门的工作目标中，这种倾向早已根深蒂固。"例如，上海通过退休法官全面进驻社区调解，提出将社区调解建成"社区法官"的口号，北京则大量吸收律师参与人民调解，一些地方甚至开始将人民调解作为吸收法学院校毕业生就业的一种方式。可以预见，今后这种倾向不仅不会消失，而可能会进一步加强。同时，"在目前的社会转型过程中，旧的共同体已经解体，而新的社区又尚未真正形成，如何在新型社区建构中，培养现代公民社会的理念，调动社区成员和志愿者的广泛参与，提高协商民主和自治能力，弱化社区调解的职权和国家色彩，避免法律职业的过度渗透和垄断，也是今后需要正视的重要问题。"[2]

---

〔1〕 范愉："中华人民共和国人民调解法评析"，载《法学家》2011年第2期。

〔2〕 范愉："中华人民共和国人民调解法评析"，载《法学家》2011年第2期。

第五章 人民调解制度的现代建构

虽然由于社会的变迁和人民调解本身所面临的问题使得人民调解的功能有所弱化，但我们不能就此否定这项制度的社会价值。在当前构建和谐社会的背景下，人民调解作为多元化纠纷解决机制的一个重要组成部分，有着深厚的群众基础和节约社会资源的传统优势，因此应对人民调解制度予以完善，以适应社会发展的需要。

第一节 完善人民调解的现实意义

一、维护稳定与构建和谐社会的需要

当下，一方面随着社会的快速发展，邻里的忍让、家庭的温暖、交易的诚信、社会的宽容和个体的责任感在日渐崇尚金钱和物质的社会风尚中逐渐贬值失落，社会凝聚力不断下降；另一方面，国家在依法治国的迫切心态下，希望法律责任和法律意识在群众中能迅速推进，但同时并没有能够有效提供一种符合当下国情，适应民众需求、符合情理的多途径纠纷解决机

制，从而进一步加剧了国家与民间社会的矛盾。[1]而人民调解作为我国历史传统延承下来的一种解决民间纠纷的途径，在群众中仍旧具有一定的威信，对基层社会具有较强的凝聚力，完善人民调解制度成为进一步协调国家与民间习惯的桥梁，是社会管理建设的一个重要组成部分，更是构建和谐社会的需要。

所谓和谐社会，应该是矛盾和冲突最少的社会，是最大限度增加和谐因素，最大限度减少不和谐因素的社会。在一个不断冲突和矛盾泛滥的社会是不可能存在"和谐"两字的，和谐社会不仅体现在其对社会状态的祈求，更为重要的是对某种社会过程的祈求。换句话说，和谐社会不应仅仅理解为某种结果，更应理解为其在现代社会一定过程中体现的存在方式。[2]矛盾纠纷的解决是社会过程的有机构成，其解决的过程应当体现宽厚、包容的精神气质，不应仅仅靠生硬的制度和刚性的手段来解决，如果说有些刚性纠纷解决机制，如法院、仲裁机构等不可避免的需要某种"硬精神"的话，那么人民调解在解决纠纷的过程中则充满相对柔和的精神气质，而这种柔和的精神气质实质上就要一种和谐精神，是和谐社会构建所不可或缺的。

就群众而言，人民调解制度赋予了人民群众自我管理、自我服务的平台，通过调解组织的第三方参与，不仅仅直接解决了关系到他们切身利益的纠纷，保障了他们的正当权利，更重要的是维护了一种和睦的氛围，维护当事人之间的"祥和"，避

---

〔1〕 ［美］唐纳德·J. 布莱克著，唐越、苏力译：《法律的运作行为》，中国政法大学出版社 2004 年版。

〔2〕 刘江江：《人民调解法治新论》，中国政法大学出版社 2009 年版，第 6 ～ 7 页。

免了"一场官司几辈仇"的尴尬;[1]就社会而言,这一制度不仅使人际关系和睦友好,保障区域安全稳定,也直接涉及到民主法治社区的建设与遵纪守法秩序的构建;就国家而言,人民调解体现了我国人民当家作主的政体优势,同时,和谐有序的秩序更为社会的发展提供了一个良好的基础环境;就法治建设而言,人民调解能够有效解决矛盾冲突,将大量民间矛盾纠纷较为缓和地化解在法庭之外,维护安定团结,降低诉讼成本,在调解中宣传法治教育,[2]这些都体现了人民调解的制度价值。

党的十六届六中全会通过的《中共中央关于构建社会主义和谐社会若干重大问题的决定》是中国建设和谐社会的指导性文件。在和谐社会中,社会稳定、人民之间友好相处,和谐社会体现社会大众的期待。然而,和谐社会并非是一个没有矛盾纠纷的"桃花源",而是一个能够及时发现矛盾、疏导矛盾、公平合理解决矛盾的社会。事实上,无论哪种社会形态都不可能没有纠纷,纠纷在某种程度上也调整着生活规则、促进社会发展。"无论是人类文明的发展史,还是司法制度的演进史,都可以看成是一部纠纷解决方式的演化史。"[3]问题的关键是如何解决纠纷。构建和谐社会,就是要及时发现矛盾纠纷,及时解决矛盾纠纷。在人类的历史上,出现过很多种纠纷解决的手段。无论是原始社会氏族内的氏族习惯和氏族外的血亲复仇、战争还是后来的司法制度,这些方式都是社会现实的反映,也在不

---

〔1〕 张俊德:"人民调解制度及其完善",吉林大学2009年硕士学位论文。
〔2〕 李刚:《人民调解概论》,中国检察出版社2004年版,第63～65页。
〔3〕 李琦:"冲突解决的理想性状和目标——对司法正义的一种理解",载《法律科学》2005年第1期。

同的历史时期起到了化解社会纠纷的积极作用。特别是诉讼制度的产生具有革命性的意义。但是诉讼的弊端也是显而易见的，如果不顾社会的发展，一味追求通过诉讼解决社会纠纷，那么部分社会成员的利益可能就无法保障，社会关系的紧张加剧，道德诚信、传统习惯等共同的价值观更快流失。在社会改革进入到深水区，矛盾更加多发，并且呈多样化、复杂化、群体化趋势。如果矛盾纠纷不能及时有效解决，就会影响社会的稳定，成为构建和谐社会的瓶颈。正所谓"法律不理会细碎事"，但是细微之处见真情，调解以和风细雨、深入人心的方式促进人们之间的关系，增进社会的凝聚力。和谐社会要崇尚多元化，坚持"百花齐放、百家争鸣"，不仅人的思想、生活方式可以多样化，而且社会管理也要多样化。不同的因素导致不同的纠纷，矛盾纠纷的特征也千姿百态，因此，应尽可能地通过多元化纠纷解决机制，使不同的利益得到最大的平衡，以维护社会的和谐稳定。人民调解制度灵活、便捷，是社会和谐的"调节器"，能够把很多民间矛盾纠纷化解在诉讼之外，不仅解决了当事人的纠纷，也维持了当事人之间的和气，从而为和谐社会营造稳定、文明的社会环境。

二、适应新形势下制度变革的需要

社会转型期间，传统调解所依赖的社会基础正逐步发生着变化。原有计划经济体制向市场经济体制的变革促使单位人向社会人转变，就业的市场化和住房的商品化使人员流动的频率大大增加；人的观念的现代化和生活质量的提高，使核心家庭增多，老龄化趋势不断加剧，服务需求不断扩大；失业问题、青少年问题、环境问题、流动人口问题等都落到了社会层面。[1]同时，伴随着经济体制的转型，社会的利益关系也发生了重大变化，其显著特点是：利益主体日趋多元、利益来源日益多样，利益差距日渐扩大。当下，除了传统型的纠纷，如离婚、继承、赡养、抚养、扶养、分家析产、相邻关系、债务履行、身体伤害、事故赔偿、名誉侵害等，伴随着市场经济发展不断出现新的纠纷类型，如投资分配纠纷、产权归属纠纷，合伙经营纠纷、房屋改建纠纷，房屋拆迁安置纠纷、市政管理纠纷、企业改制纠纷、知青子女返户纠纷，下岗、待岗、外来人员纠纷、劳务借贷纠纷、有关农民工的工资、福利等权益纠纷、物业管理纠纷等。当发生上述纠纷时，各种利益主体在追求自身利益的同时，不可避免地与其他利益主体的追求发生矛盾甚至冲突，由此产生社会纠纷的激增与尖锐，给传统调解制度带来新的挑战和冲击。

　　为了有效地应对这种多元化的利益冲突，在原有基础及现有法律框架下，应进一步完善人民调解制度，在充分发挥人民调解简便、高效、反应快、易执行且地域性、针对性强的特点的同时，弥补自身权威性、确定性和强制性较弱的不足。当发生了民间纠纷，可以引导当事人通过优先选择人民调解而不是仲裁、法院诉讼等其他途径表达诉求，进一步发挥人民调解组织、人民调解员大都来自本区域或本行业；纠纷当事双方对其公正性和权威性相较于其他社会组织、政府机构更为认同；沟

---

〔1〕　陆春萍：《转型期人民调解机制社会化运作》，中国社会科学出版社 2010 年版，第 53 页。

通方式和途径上更为简单、迅捷，人民调解组织也更为熟悉实际情况；在解决纠纷的成本、时间、效率、效果等方面具有的比较优势等特点。

三、适合本土文化的需要

当人民群众在日常生活中发生各种摩擦和纠纷时，人民调解制度所具有的预警机制、排查调处机制、应急处置机制、法制宣传教育机制使其成为化解民间矛盾纠纷，实现社会正义的"第一道防线"。其在纠纷调处化解中体现出的贴近本土文化，迎合居民群众社会心理、行为习惯、价值取向等方面的优势，具有法院诉讼不可替代的作用。法院诉讼解决纠纷具有成本高、风险高、收益不确定的特点，而人民调解的优势表现在低成本、高效率解决了纠纷，双方的人际关系还可以得到维系，能够满足民间纠纷小而杂的实际。[1]布莱克曾用关系距离理论说明不同关系距离人们之间法律的适用量："在关系密切的人们中，法律是不活跃的，法律随着人们之间距离的增大而增多。"[2]人民调解更适合于熟人社会，尤其是在双方需要保持某种后续往来关系的家庭邻里纠纷、物业管理纠纷等方面，人民调解会产生更多的综合收益。通过人民调解的"软性"司法手段化解矛盾，不限于对纠纷或是或非的法律评判，而是追求矛盾的真正化解与缓和，有效规避和消除诉讼带来的负效应。在法治实践中，

---

〔1〕 曲崇明："人民调解制度在农村的价值回归与完善重构"，载《广东行政学院学报》2008年第3期。

〔2〕 〔美〕唐纳德·J.布莱克著，唐越、苏力译：《法律的运作行为》，中国政法大学出版社2004年版，第47～56页。

我们应不仅仅关注国家法律的制定和法律法规在社会中的适用，更应当注意到法律的运用和法治的实现必须依靠法治与社会自治的协调发展，基层社会治理和纠纷解决应更多地反映在自我管理、自我教育、自我发展等环节。人民调解作为一种高度自治的纠纷解决方式，可以起到法院诉讼所无法达到的重要的社会功能。

首先，法律条款难免有落后于社会或不适应纠纷解决的情况，在这种情况下，人民调解可以不拘泥于法律规范的简单适用，更着重于双方实质利益的衡量。这种强调实质关系的弥合，有利于将来关系的维持和建立，[1]同时也有助于规避法律的漏洞和矛盾。《人民调解法》第3条有关人民调解委员会调解民间纠纷，应当遵循的原则规定之一，就是"不违背法律、法规和国家政策"。即只要在不违背法律、法规和国家政策的情况下，根据居民公约、公序良俗和该地区居民群众普遍遵守认同的道德规范等达到更加公平合理的解决结果，其更加有利于该处理结果的最终履行，避免法院判决"案结事不了"的尴尬。其次，人民调解给纠纷主体保留了对影响面广、处理难度大的复杂、疑难民间纠纷以选择、适应、过渡的空间和余地，如日本，其在现代化初期就将调停制度设计为替代现代民法和诉讼的一种过渡性机制，使当事人可以在现代法制、诉讼和依习惯、情理的调和之间进行选择，减少了法院判决与社会实际情况不相适应带来的冲突和风险。[2]最后，人民调解针对的是民间纠纷，

---

〔1〕　贺利云："人民调解的重构"，中国政法大学2005年硕士学位论文。
〔2〕　范愉、史长青、邱星美：《调解制度与调解人行为规范——比较与借鉴》，清华大学出版社2010年版，第19页。

这类纠纷的大部分内容完全可以通过人民调解组织在基层中调解消化掉，避免了法院判决在维护法律秩序和实现法治的同时对社会资源的不必要消耗，降低法治成本。也进一步减少对国家权力的依赖和过多诉讼给社会带来的消极负面影响。

四、促进人民调解自治性回归的需要

人民调解委员会产生之初是为解决人民内部矛盾，服务居民日常生活的组织，具有自治功能。然而在计划经济体制下，由于客观的历史原因和主观的人为原因，人民调解组织尤其是基层居委会、村委会人民调解组织连同居民区的居民委员会却逐步变成了一个以行政功能为主的行政性组织。尽管它仍然为居民的日常生活所服务，仍然具有自治功能，不过这种自治功能被限制或削弱到很低的程度。人民调解组织逐步成为政府解决民间纠纷的行政性管理工具，具有行政化的倾向，自治性受到影响。[1]

随着简政放权和市场经济的进一步发展，国家权力与社会管理的进一步分离，调解的社会功能日益得到认同，人民调解组织独立性、自主性开始逐渐得到增强，对人民调解制度自主性的属性要求就显得更为迫切。计划经济时代通过单位向组织反映是个人解决问题的主要途径，而在市场经济条件下，就业的流动，政企的分立，切断了政府与企事业单位，企事业单位与个人的纵向联系。为此，个人只有发展自己的横向联系，建

---

〔1〕 刘云耕：《矛盾与化解——基层人们调解制度及其改进的研究》，中国社会出版社 2003 年版，第 52～53 页。

立一个新的生活共同体才能解决自己遇到的问题。这在主观上为人民调解自治性质的归位提供了条件。客观上，对人民调解制度自治性的完善应体现在以下几个方面：其一，组织体制的自治性。即人民调解组织应属于群众自治性质，并非行政或司法组织。其二，工作方法的自治性。即人民调解属于群众的自我管理、自我教育和自我约束，调解工作和手段并无国家强制力作为保障。其三，调解协议的自治性。人民调解组织为纠纷当事人搭建了有效的对话和交流平台，促使当事人通过协商解决争议，当事人充分自主地参与到纠纷解决过程中，根据具体情况选择处理程序、方式和规则，自愿达成合意、决定纠纷解决结果。

人民调解制度自治性的回归其积极影响在于更有利于进一步调动社会力量的参与，从整体上、根本上解决纠纷、恢复人际关系的和谐，使协商、对话、宽容、礼让、和谐等传统价值与现代法治文明结合起来，促进公民社会形成和不断成长、成熟。

五、构建多元化纠纷解决机制的需要

相对于农业社会和计划经济时代，由于社会的经济成分、就业形式、利益分配的多样化等因素的影响，社会纠纷产生的原因、纠纷结构都发生了深刻的变化。纠纷的主体呈多元化趋势，法人及非法人团体相互之间的纠纷增多；纠纷类型多样化，出现了很多跨行业、跨地区、跨单位的纠纷；纠纷类型复杂化，有时甚至民事、行政、刑事案件交织在一起；纠纷的对抗性强

且处理难度加大。[1]纠纷的复杂性决定了单一的纠纷解决机制无法满足解纷的现实需求，多元化纠纷解决机制的构建是发展的必然趋势。在一个理性的社会中，社会纠纷解决机制都是多元化的。"一把钥匙开一把锁"，每种纠纷有不同的背景、不同的因素。而每一种纠纷解决方法都是有利弊的，不能够解决所有的纠纷。正如博登海默所说："愈来愈多的运用调解或仲裁方式，会减少因法律僵化而导致的一些弊端，解决纠纷的方法和途径应该是多样的，并不是只有诉诸法律才是唯一的手段。"[2]所以，解决社会纠纷，不仅应该进行司法改革，提高司法效率，也应该多策并举、多管齐下，加强诉讼与其他纠纷解决机制相协调和衔接。诉讼作为维护社会正义的"最后一道防线"，法院应当只负责解决那些通过其他手段无法解决而由法律认可法院解决的矛盾，而将其他矛盾纠纷通过诉讼之外的非诉讼纠纷解决机制解决。[3]现阶段人民调解虽然有所弱化，但是仍具有诉讼无可比拟的独特优势，在纠纷解决中也发挥着自己独特的功能：调解程序简单明了、成本低廉，充分尊重当事人的意思自治，相比诉讼程序繁琐复杂、时间长、高成本，人民调解更容易被社会大众接受。对于矛盾纠纷小等对抗性小的纠纷可以通过非诉讼协商的方法解决，更容易获得社会的理解和个案的执行，实现双赢的结果，也有利于维护当事人间的友好关系。

---

〔1〕 董小红、高宏贵："论人民调解制度的重构——基于人民内部矛盾变化的视角"，载《社会主义研究》2010年第1期。

〔2〕 ［美］博登海默著，邓正来译：《法理学——法哲学及其方法》，中国政法大学出版社1999年版，第115页。

〔3〕 范愉：《非诉讼纠纷解决机制研究》，中国人民大学出版社2000年版，第17页。

"法治之所以被现代社会奉为圭臬，正是因为它本身是与时俱进的——随着社会的发展，纠纷的内容和形式，以及纠纷当事人和社会主体的需求变化了，纠纷解决机制也会随之发生相应的变化；现代法治为公民提供了通过司法诉讼追求正义的基本制度保证，同时也为公民提供了越来越大的自由意志和行为的空间；司法在有所为有所不为的消极主义原则下调整着自身的社会功能；从国家司法权对纠纷解决的独占，到出现多元化纠纷解决机制……这本身就是现代法治发展的必然结果，彰显出法治的生命力和创新力。"[1]

因此，人民调解制度的改革完善是构建多元化纠纷解决机制的需要，并在中国当代纠纷解决机制中扮演重要的角色。

第二节　人民调解制度的立法原则

人民调解制度是中国特色社会主义法律体系中的一个重要组成部分。它在调节经济社会关系，解决社会利益矛盾，尤其是化解民间纠纷中具有独特的优势。作为新形势下预防和化解矛盾纠纷的有效途径以及排解社会矛盾的第一道防线，人民调解制度必须首先确定自己的根本原则以便能够为具体实践提供明确的理论向导和规范指引。以下，本文将重点结合新颁布的《人民调解法》来阐述关于人民调解制度的几项重要立法原则。

---

〔1〕　范愉：《ADR 原理与实务》，厦门大学出版社 2002 年版，第 7 页。

一、平等、自愿原则

所谓"平等、自愿原则"，是指在人民调解过程中，纠纷当事人之间以及纠纷当事人与人民调解员之间的法律地位平等，无论同意调解或是拒绝调解都应当完全尊重纠纷当事人自己的意愿，不能有任何强迫、歧视，也不受任何其他方面的干扰。我国《人民调解法》第3条规定，人民调解委员会调解民间纠纷，应当遵循在当事人自愿、平等的基础上进行调解的原则。可以说，自愿、平等原则是一项最基本的法律原则，它体现在很多制定法中。调解的本质就是以当事人的合意为核心和前提来解决矛盾纠纷，而这种合意就是私法上"意思自治原则"在纠纷解决机制领域内的延伸。所以，平等、自愿原则在人民调解制度中是一项最基本的法律原则，它既贯彻了我国宪法关于"国家尊重和保障人权"的基本规定，又忠实体现了民法中的意思自治原则，在所有的立法原则中占有举足轻重的地位。该原则的具体内容主要体现在以下几个方面：

第一，在人民调解制度中，纠纷当事人之间、纠纷当事人和人民调解员之间的法律地位平等。人民调解所涉及的民间纠纷一般都是平等主体的当事人之间的普通民商事纠纷，当事人在民事实体法上的法律地位平等也就决定了其在人民调解程序法上的法律地位平等。纠纷当事人和人民调解员的法律地位平等，这是由人民调解制度的本质决定的。人民调解制度本身就是通过群众自治的方式解决纠纷。并且，作为履行调解职能的人民调解委员会在本质上就是属于基层群众性自治组织，它不是国家公权力机关，而是由人民群众自发组织的并实行自我管理的活动群体，所以它在程序法上具有和纠纷当事人平等的法律地位。

第二，纠纷当事人选择和参加人民调解必须充分尊重本人的意愿，既不受调解组织的强迫，也不受任何其他第三方的干扰。人民调解制度中的"自愿原则"（即"私权自治原则"），在立法和司法实践中主要体现为"程序上的自愿"和"实体上的自愿"两层含义。首先，对于程序上的自愿，立法上主要体现在《人民调解法》的第 17 条和第 23 条。和法院调解不同，人民调解目前尚不存在调解前置性规定。当发生纠纷时，当事人可以自愿选择向人民调解委员会申请人民调解，也可以不选择人民调解而是直接采用其他途径来解决纠纷；如果人民调解委员会获悉纠纷后主动征求纠纷当事人调解意愿的，那么当事人可以自愿选择接受调解，也可以明确拒绝调解；当事人明确拒绝调解的，人民调解委员会不得强迫其调解。显然，法律规定了当事人对人民调解享有完全的自主选择和决定权。其次，对于实体上的自愿，立法上主要体现为《人民调解法》的第 2 条、第 22 条和第 23 条。人民调解员在调解中起到的是教育和疏导的作用，他所扮演的角色是一个不带任何个人利益倾向的中立者，既不能代替当事人作选择和决定，也不能强迫当事人行使处分权（包括实体上的和程序上的）。在人民调解员的主持下，纠纷当事人必须是在平等协商、互谅互让、合法自愿的基础上达成调解协议。只有这样达成的调解协议，其意思表示才能在法律上被认定为真实有效，才能充分体现民事实体法中的意思自治原则。总之，当事人自愿原则必须同时满足包含上述实体和程序两方面要求的内心真实意思表示一致，否则缺一不可。

二、依法调解原则

所谓"依法调解原则"，又称"不违背法律、法规、政策原则"，是指人民调解制度的建立必须有法可依，人民调解员必须依照法律的规定来行使调解职责，不得违背法律、法规和国家政策。《人民调解法》第 3 条规定了这一原则：人民调解委员会调解民间纠纷，应当遵循不违背法律、法规和国家政策的原则。依法治国，建设社会主义法制国家是我国现阶段的基本任务之一，《人民调解法》的出台正是我国人民调解制度步入法制化轨道的重要标志。依法调解的首要前提就是要遵从宪法的规定，宪法是我国的根本大法，具有至高无上的法律地位，所有法律必须依据宪法加以制定和修改。《人民调解法》也不例外，该法第一章总则第 1 条关于立法宗旨的规定就直接体现了其对宪法的尊重。另外，根据我国《宪法》第 111 条规定，居民委员会和村民委员会是基层群众性自治组织，"居民委员会、村民委员会设人民调解、治安保卫、公共卫生等委员会，办理本居住地区的公共事务和公益事业，调解民间纠纷，协助维护社会治安，并且向人民政府反映群众的意见、要求和提出建议"。显然，在人民调解组织的设立上，《人民调解法》同样遵照了《宪法》的既有框架，以村委会和居委会这一类基层群众性自治组织作为人民调解组织的基础和主体，同时还采用了开放性的制度设计，允许社会团体或者其他组织根据需要"参照本法有关规定设立人民调解委员会，调解民间纠纷"，为人民调解的多元化发展创造了广阔的空间。

除了在人民调解组织的设立上体现了合法性原则,《人民调解法》对调解的法律适用依据范围的规定也有所扩大。我国的大多数立法在合法性原则的表述上历来都是主张"严格依照宪法和法律"。但是,具体问题需要具体分析,《人民调解法》是用来规范基层群众自治组织调解解决民间纠纷的,它和民事诉讼法不同,在程序规定上有很大差异。如果把人民调解的法律适用依据仅仅限定于宪法和法律,那会限制当事人的自由选择权和对民间纠纷解决依据的灵活运用,最终不利于人民调解制度的现实操作和长远发展。于是,我们的立法者非常智慧地将"依法调解原则"表述为"不违背法律、法规和国家政策"这种否定式的表达逻辑,这样就能够尽可能地扩大人民调解的法律适用依据的范围。现实社会中,其实很多民间纠纷涉及到的大都是私法领域内的任意性法律规范,立法者的这种规定有利于纠正人们以往对"依法调解"的片面理解,鼓励人民调解组织在实务操作中使用各种民间习惯和行业惯例等作为法律依据,发挥其灵活变通和增进协商的作用,从而更加突出人民调解作为一种社会救济方式的自身特色和时代价值。

三、尊重当事人诉讼权利原则

"尊重当事人诉讼权利原则"是指,人民调解组织在进行调解活动中,必须充分尊重当事人的自身意愿,不能以未经调解或调解不成为由阻挠当事人通过人民调解以外的其他途径解决纠纷。《人民调解法》第3条规定了:"人民调解委员会调解民间纠纷,应当遵循尊重当事人的权利,不得因调解而阻止当事人依法通过仲裁、行政、司法等途径维护自己的权利的原则。"

而该法第 26 条则是对第 3 条的具体展开，规定"人民调解员调解纠纷，调解不成的，应当终止调解，并依据有关法律、法规的规定，告知当事人可以依法通过仲裁、行政、司法等途径维护自己的权利"。这一立法原则充分体现了法律尊重和保护当事人在行使诉讼权利上的意思自治和自由处分，是将实体法上的处分权延伸到了程序法上。人民调解是用以解决发生在私权领域内的纠纷的一种社会救济方式。既然是私权领域内的纠纷，那么就应当遵循私权自治原则，在实体法上它体现为当事人可以根据实体法的规定行使自由处分权，在程序法上则相应体现为当事人可以根据程序法的规定行使权利救济方式的自由选择权。私权受到侵害的一方当事人可以选择放弃或拒绝权利救济，也可以选择主张或者接受权利救济以及具体的救济方式。人民调解是当事人可以选择的诸多权利救济方式之一，它既不排斥诉讼，也不妨碍诉讼，更不是诉讼的必经程序和前置性程序。对此，我国《人民调解法》规定的非常清晰，无论当事人是否同意接受人民调解，也无论人民调解最终是否成功，当事人都有权利选择通过向人民法院提起诉讼来解决争议。

四、调解优先、诉调衔接及诉调对接原则

"调解优先、诉调衔接及诉调对接原则"是人民调解制度中最核心的、同时也是最具特色的一项法律原则。它是指对于适合用人民调解方式解决的民间纠纷，应当首先予以考虑并告知和引导当事人；法院诉讼和人民调解应当互相有所衔接和对接，由当事人根据实际情况在不同阶段选择适用，不能因为人民调解而阻碍或者剥夺当事人行使诉讼权利。

首先，关于调解优先原则，在立法上体现为《人民调解法》第18条规定，即"基层人民法院、公安机关对适宜通过人民调解方式解决的纠纷，可以在受理前告知当事人向人民调解委员会申请调解"。我国现行纠纷解决的方式包括诉讼、调解、仲裁、和解等多种选择渠道，而仅就调解而言，又可以细分为人民调解、行政调解、法院调解等。应该说，这些种类各异的纠纷解决机制无论是属于诉讼内的，还是属于诉讼外的，它们都各有特色，彼此取长补短，互相配合，都是现阶段纠纷解决机制的重要组成部分。尤其是人民调解制度，在所有的纠纷解决方式中，它具有扎根基层、分布广泛、易于接受、灵活便利等独特优势，可谓是维护社会安全稳定的"第一道防线"，在使用社会基层力量解决纠纷中发挥了不可替代的基础性作用。坚持调解优先的原则，就意味着在构建社会主义和谐社会、加强社会主义民主和法制建设的进程中，需要更多地采用人民调解的方式，将基层矛盾尽可能多地在被推入到行政或司法程序解决以前，首先通过人民调解予以调化排解，以避免矛盾纷争的进一步激化和加剧。

其次，关于诉调衔接原则，这就要求必须建立人民调解与其他纠纷解决机制（尤其是诉讼）的有效衔接，使不同的矛盾和纠纷都能够依法得到化解。人民调解虽然有其独特的优势，然而它在本质上毕竟是属于社会救济，不具有诉讼等公力救济的国家权威性和强制执行力。在人民调解中，双方当事人自愿达成的调解协议只具有民法上的合同效力，而不具有当然直接的强制执行力，一方当事人的合法权益最终能否得到实现从本质上依然取决于另一方的自觉履行。所以，人民调解制度必须和法院诉讼制度进行有效衔接，尽可能周全地保障当事人行使自己的合法救济权利。我国的《人民调解法》在人民调解的各个阶段都有建立其与和诉讼的相互衔接，应该说这方面规定显得较为系统和完善。比如，《人民调解法》第 18 条的规定，既体现了调解优先原则，又建立了受理立案前人民调解和法院诉讼的紧密衔接；又如，该法第 26 条规定人民调解委员会对于不属于人民调解工作范围或调解不成的，应当依法告知当事人通过仲裁、行政、司法等途径维护自己的权利，这实际上建立了人民调解在进入具体实施过程中和法院诉讼的自然衔接；再如，该法第 32 条和 33 条规定了当事人之间就调解协议的履行或者调解协议的内容发生争议的，一方当事人可以向人民法院起诉，又从另一个角度建立了人民调解在调解协议达成以后和法院诉讼的生动衔接。所有这些法律规定都环环相扣，循环往复，在贯彻"调解优先原则"的基础上最大程度地保留了司法救济的权威途径，为当事人提供了妥善而又全面的纠纷争议解决方式。

最后，关于诉调对接原则，即通过人民调解达成调解协议的，法律赋予当事人直接向人民法院申请司法确认的权利，从而使人民调解协议具有强制执行力。人民调解协议的司法确认制度是《人民调解法》的点睛之作，也是我国近年来在诉调对接解决矛盾纠纷方面的一项重大创新。它是赋予人民调解协议国家强制执行力的一个重要前提。最高人民法院在 2009 年 7 月 24 日下发的《关于建立健全诉讼与非诉讼相衔接的矛盾纠纷解决机制的若干意见》（以下简称《若干意见》）中就曾作出过关于规范和完善司法确认程序的规定。2010 年 8 月 28 日《人民调解法》的出台，则是将人民调解协议的司法确认制度第一次正式写入法律，改变了以往人们对调解协议完全不具有强制执行力的定性认识。但是因为《人民调解法》中关于该制度的规定过于原则和抽象，难以运用到具体的司法实践中，所以最高人民法院于 2011 年 3 月 23 日颁布了《最高人民法院关于人民调解协议司法确认程序的若干规定》（简称《若干规定》）。《若干规定》对司法确认的管辖、文书格式、办理期限和当事人权利救济等多项有关实体和程序的重要问题都一一作出了明确具体的规定，为司法确认制度的现实操作提供了及时而又详尽的指导和说明。可以说，《人民调解法》及相关配套法规对人民调解协议的司法确认制度起到了很好的保驾护航作用，同时也为人民调解和司法诉讼的紧密对接提供了切实可行的法律保障。

五、灵活快捷、便民利民原则

所谓"灵活快捷、便民利民原则"是指，人民调解工作应当以方便民众和服务民众为宗旨，结合自身基层自治的特色，在调节方式和程序上不过度拘泥于形式，尽可能地发挥其灵活性和便捷性。人民调解和民事诉讼不同，民事诉讼遵循的是"不告不理原则"，体现了司法救济的被动性，而人民调解遵循的是"申请调解结合主动调解的原则"，体现了人民调解的主动性。因而，人民调解在程序上既要符合法律规范，又不能过分拘泥于形式；既要防止调解的任意性和随意性，又要避免调解因程序繁琐而脱离现实。为此，《人民调解法》在程序规划上做到了依法调解和灵活便民相统一，从立法上大大保障了人民调解工作的质量和效率。

1. 在人民调解的经济成本上，体现了便民利民的原则。《人民调解法》的第 4 条规定了人民调解没有任何特殊的门槛和成本，是免费为当事人解决纠纷提供服务的。当前我国社会仍然存在经济发展的不平衡性，尤其是东西部地区之间、城乡之间差异很大，当事人如果选择仲裁或诉讼解决纠纷是需要付出相当的经济成本的，而且经济越发达的地方成本就越高。实践中往往会出现"穷人打不起官司"、"打赢官司输了钱"的现象，这已经不足为奇。人民调解作为民间纠纷的解决方式之一，法律规定了任何人都平等地享有以零成本申请人民调解的原则。人民调解的免费性打破了"天下没有免费的午餐"这一人们心目中深信不疑的观念，在很大程度上为那些生活在社会最底层的经济承受能力十分有限的当事人解了燃眉之急。

2. 在人民调解的组织设立上，体现了灵活性和便利性。《人民调解法》第 8 条和第 34 四条规定了村民委员会、居民委员会、企事业单位、乡镇、街道以及社会团体和其他组织都可以设立人民调解委员会，这体现了立法者倾向于尽可能地扩大人民调解组织的设立范围，以此来加强人民调解的普遍适用性。从立法上看，人民调解组织大都设立在基层，尤其像居委会和村委会这类基层群众自治组织，因而体现出人民调解的自治性和灵活性。同时，这样的设立模式也能够使人民调解组织及时准确地了解纠纷事实，方便当事人和人民调解员之间的互相沟通，大大提高了人民调解的工作效率和便利性。

3. 在人民调解委员会委员和人民调解员的产生方式上，体现了灵活性和便民利民的原则。《人民调解法》第 9 条关于人民调解委员会委员的产生方式和任期的规定，体现了"人民代表为人民"的民主性和利民性；同时该规定又没有将具体的推选规则加以一概框定，这也体现了立法"还权于民"的灵活性。还有第 13 条关于人民调解员的产生方式包括了推选和聘任两种渠道，这使得人民调解员的队伍建设富有灵活便利性，为人民调解员的队伍准入机制敞开了宽阔的胸怀。

4. 在人民调解的启动方式和调解方式上，体现了灵活、便民的原则。关于人民调解的启动方式，体现在《人民调解法》的第 17 条和第 18 条上，包括三种形式：当事人申请调解、人民调解委员会主动调解和基层人民法院、公安机关引导调解。当然无论采用何种启动方式进入人民调解程序，都必须以当事人自愿接受调解为前提，决不能强制调解。立法者灵活巧妙地构建了多条渠道来启动人民调解程序，其目的就是为了促使基层民间纠纷尽可能优先采用人民调解的方法在基层群众组织那里得到调和解决，同时在一定程度上减轻司法机关和行政机关所不必要承载的救济负担。关于人民调解的具体方式，则体现在该法第 20 条、第 21 条和第 22 条中。法律要求人民调解应当因时制宜、因地制宜和因人制宜。所谓因时制宜是指，人民调解员应当及时进行调解工作，防止矛盾的激化，在第一时间把握住解决纠纷的最佳契机。所谓因地制宜，是指人民调解应当本着方便群众的宗旨，就近进行人民调解，从而提高人民调解的工作效率。而因人制宜是指，人民调解员应当根据当事人的自身情况，采用耐心倾听、洞悉事实、明法析理、疏通引导的科学方法促使当事人之间的矛盾得到化解，必要时还可以邀请有利于调和纠纷的第三方参与到人民调解工作中。同时法律也规定了可以根据纠纷的不同情况，在充分尊重当事人意愿的基础上赋予调解形式的灵活和多样化，比如可以采用直接调解、间接调解，或单独调解、联合调解，以及公开调解、不公开调解等。

5. 在调解协议的形式上，也体现了灵活和便民利民的原则。《人民调解法》第 28 条规定，当事人经调解达成协议的，可以以书面形式制作调解协议书，也可以遵照当事人的意思采取口头协议方式，同时为了保障调解内容的真实性、合法性，无论调解协议是书面的还是口头的，都必须记录在案，以便存档备查。它反映了立法者不仅讲求调解协议的内容须符合当事人的真实意愿，而且强调调解协议的形式也要体现当事人的自治选择。总之，人民调解在具体形式上可以鼓励其充分发挥自己的灵活性和自治性，但是在最终目的上必须达到便民利民、排纷止争的要求。

第三节　人民调解制度改革所面临的路径选择

由于诉讼量的高速增长，基层法院不堪重负，耗费了大量的时间和成本。到法院寻求公正的人们得到的正义也存在着理想和现实的差别。在对这样的现实进行反思之后，人们意识到人民调解对社会纠纷分流处理的重要性：对于纠纷的解决，法院所应掌握的应当是最终解决权而不是最先解决权，对于大多数的民间纠纷应当通过非诉讼的方式解决。于是，面对人民调解功能的弱化，人们在寻找症结所在的同时也在积极探索改革的路径。各地在实践中对人民调解的改革进行了很多有益的尝试，有些方案已经实现了从理论到实践的跨越。笔者将就两种主要的路径进行探讨——法律性方案和行政性方案。

一、法律性方案

法治常被认为严格依照法律对国家和社会实行规则之治，人民调解曾经被视为是阻碍法治的落后产物，一时间似乎只有对诉讼的推崇才是对法治的实践。那么什么是法的基本价值？"至少有这样一些：生命、秩序、自由、平等、人权、公正。之所以认为这几个价值准则是法的基本价值准则，首先是因为，它们是人对法的最基本的需要。"[1] 现实的反思使人们认识到，人民调解具备现代法治所要求的自由、平等、正义、秩序价值追求，与法治是并行不悖的，并且通过法律性方案的改革可以更好地实现上述价值追求。人民调解的法律性方案的特点在于保持当前人民调解群众自治性的同时，以人民调解协议的司法确认制度为核心，关注调解协议的法律效力以及人民调解与诉讼的对接。

（一）人民调解协议的司法确认

人民调解协议的司法确认制度始于 2002 年 11 月 1 日施行的最高人民法院《关于审理涉及人民调解协议的民事案件的若干规定》和同日生效的司法部《人民调解若干问题的规定》，在这两个规定中都肯定了具有民事权利义务关系的人民调解协议具有民事合同的性质。在新出台的《人民调解法》也再次明确了人民调解协议的效力和人民调解协议的司法确认制度，为规范该司法确认程序最高人民法院还公布了于 2011 年 3 月 30 日开始实行的最高人民法院《关于人民调解协议司法确认程序的若干

---

〔1〕 卓泽渊：《法的价值论》，法律出版社 2006 年版，第 133 页。

规定》。或许从法理上说，确认具有民事权利义务的人民调解协议具有合同的效力而要求当事人履行，或者通过司法确认而赋予其执行力并无大的理论突破，但这项制度的确立对于实践中的人民调解工作而言具有极为重大的意义。首先，人民调解协议的司法确认制度节省了社会资源，避免人民调解这一低成本的纠纷解决方式由于缺乏公信力而导致纠纷经调解后再次涌到法院，造成"二次浪费"。其次，该制度为提高人民调解的质量提供了可能性。"法院对人民调解工作进行指导"的规定由来已久，但是由于体制设置的原因在很长一段时间里法院和人民调解委员会更多的是处在一种竞争的状态，这一规定形同虚设。而司法确认制度为人民法院对人民调解工作的指导提供了一条制度上的通道，关于司法确认程序的司法解释的出台更是为法院的指导工作提供了详尽的依据。

(二) 理性看待"依法调解"

"依法调解"的提出适应了法治化的宏观态势，大大改变了人民调解以政治功能为其首要功能的错位状态，使人民调解的功能向纠纷解决本身回归从而更具现代性。但是依法调解在提出之初的目标却是让人民调解走上所谓的"法制化道路"，即建立统一的标准，对人民调解工作从程序和实体上予以严格规范。这无疑抹杀了人民调解与诉讼的区别，是对人民调解本质特征的背离，同时会带来一系列的问题。首先，人民调解的灵活性和任意性降低，使其与诉讼相比较的优势降低而又缺乏诉讼的确定性和权威性，这样的结果必然会导致更多的纠纷涌到法院寻求司法解决。其次，"依法调解"会堵塞通过人民调解发展法律的通道。通过调解对纠纷的处理可以为法律的形成发挥作用，

"如果能为调解和正式法律体系之间的交流提供充足的条件，一旦通过归纳形成法律的重要性有所提高，则调解在创制法律规范过程中所发挥的作用就不可忽视"[1]。严格的依法调解则会挤压人民调解自主性的空间，无法为法律的创制发挥作用。再次，立法在大多数情况下总是落后于社会的发展实践。人民调解所调解的纠纷都在基层，而社会变迁所带来的纠纷的变化会使得某些类型的纠纷法律可能并无明确的规定，严格依照法律规定会导致这些类型的纠纷不能得到解决，人民调解把纠纷化解在基层的设想无法实现。

因此，对"依法调解"要有一个理性的认识。人民调解所调解的纠纷其特点是当事人对于双方的争议拥有自主处分权，大多为民事纠纷。人民调解的合法性基础在于双方真实意思表达上的合意，其所达成的协议不违反法律法规的强制性规定，不损害第三人的合法利益和社会公共利益即为合法。人民调解并不要求与法律规定保持严格的一致，从实证的角度而言，在不违反强制性规定的情况下对法律的背离并不必然带来不公正，相反还可能丰富对法的理解。无论调解的结果最终是否直接依据法律法规，都会因其为纠纷的解决提供一个框架而成为双方博弈的筹码而发挥隐性的作用。

二、行政性方案

行政性方案是面对人民调解的弱化，出于重树人民调解的

---

[1] 季卫东："调解制度的法律发展机制——从中国法制化的矛盾情境谈起"，转引自强世功：《调解、法制与现代性：中国调解制度研究》，中国法制出版社2005年版，第5页。

权威、振兴人民调解制度的期望而设计的另一改革方案。

（一）大调解模式的形成与特征

如果说上述法律性方案是以法院的最终解决作为人民调解工作权威的话，那么行政性方案则是将其诉诸行政系统的固有权威的另一种尝试，其代表模式即为"大调解"格局。面对转型时期纠纷的复杂化、多样化，传统人民调解无力应对，为维护社会秩序的稳定大调解模式应运而生。基于此，大调解与传统的人民调解不同，具有如下几个方面的特点：其一，调解的理念不同，由基层人民调解委员会预防和处理民间纠纷转向多方参与、用综合治理的手段解决纠纷；其二，调解对象的复杂性，调解的对象由传统的民间纠纷转向由民间纠纷、经济纠纷、行政纠纷这三者交错而成的个体型、群体型共存的社会纠纷；其三，调解的主体由单一到多方协同，调解的主体由单一的人民调解委员会到乡镇党委、政府牵头，由政法、公安、民政、法庭等职能部门协同作战；其四，调解的方法由简单到复合，从说服、疏导到运用法律、经济、行政、政策等多种手段相联合的转变。大调解模式虽然在很多地方以人民调解的名义存在，但是事实上是人民调解、行政调解和司法调解三者的联合。

（二）大调解模式的运行状况

大调解模式本身就是一种多元化的纠纷解决方式，通过各政府、各职能部门的联合而实现解纷资源的整合，理顺各解纷机构之间的关系、避免相互协作的不协调，使各种复杂的社会纠纷能够得到及时有效的解决。同时，大调解的模式通过党委、政府引领，使得村委会、居委会下设的人民调解委员会解纷能力得到加强。但是这一机制也存在着一些问题。首先，对于人民调解委员会的性质，无论是《宪法》还是《人民调解法》都定性为群众性自治组织。人民调解委员会既不是基层人民政府的职能部门也不是基层法院的下属机构，与基层人民政府及与法院之间不存在隶属和领导关系，而仅仅是业务上的指导与被指导的关系。而大调解模式把人民调解工作归于党委政府领导下的乡镇调解中心，甚至依照行政部门设立的方式成立三、四级组织，使自治性的人民调解带有深厚的行政性色彩。其次，多元化的纠纷解决机制中所追求的是多种解决机制的相互配合，通过多种制度的不同功能和定位应对不同种类的社会纠纷，以使纠纷在合理社会成本范围内得以有效的解决。但是大调解的格局忽略了人民调解、行政调解和法院调解的区别，在程序设计和评价标准上都表现出同质化的倾向，不仅使行政调解被淹没在人民调解的形式之中，而且其乡镇调解中心在功能和方式上与人民法庭出现了混同。

三、对两种改革道路的评价

无论是法律性方案的法治之路还是行政性方案的"大调解"之路，都是为了树立新的权威以实现对人民调解制度的振兴，这一点是毫无疑问的。这两种方案都在制度的层面获得了不同程度的认可，在实践中得以推行都取得了实际的社会效果。然而对改革道路的选择不仅仅是对过去工作的总结，更是对未来工作的展望，这就需要对人民调解所追求的价值有充分的认识。

人民调解与司法救济甚至其他非诉讼纠纷解决机制的区别，就在于这种方式对当事人意志的充分尊重，就在于对这种纠纷解决方式的选择和纠纷解决结果的同意这"二重合意"获得的极致追求。然而，在人民调解这种纠纷解决方式里，合意从来就处在与强制的紧张关系里。从人民调解的制度设计之初到现代社会，人民调解总是被赋予了很多超出纠纷解决以外的期望，这就不可避免地带来功能强制的因素。调解总是陷入这样一种矛盾，一方面追求合意的解决，另一方面如何在保证合意的中心地位不动摇的情况下要求权威的介入，如何在合意和强制之间寻求平衡则是人民调解所必须面对的一个核心问题。

比较以上两种改革道路就合意与强制的张弛而言，行政性方案带来的更多的是调解过程中的直接强制，而法律性方案的强制则隐藏于调解过程的终局中，充分地体现了尊重当事人合意的特点。司法确认制度充分体现了人民调解的自治性特征：其一，这项制度的启动依据是双方当事人的申请而不是法院主动介入；其二，对于协议内容的审查限于是否对法律、法规的违反和程序上有无对当事人进行强迫，并不要求与法律的规定保持绝对的一致。无论从程序上还是实体上，法律性方案都最大限度地体现了尊重当事人意志的自愿原则，具有补强道德自律的价值，所以能更好地保证当事人合意的实现而体现人民调解的自治性。而行政性方案的意义则在于节约社会成本、整合社会资源、解决社会问题，防止合意过程的过分延宕和反复。但必须说明的是，行政性方案的直接强制因素仅限于对调解过程的强制，不能逾越当事人对调解结果的最终决定权这一界限。大调解在一个多元化纠纷解决模式中为实现人民调解、行政调解和司法调解的有效衔接提供了一个通道，而在这一体系中对人民调解的理性定位则是不能回避的问题。

第四节　完善人民调解制度的总体设想

棚濑孝雄曾在《纠纷的解决与审判制度》中写道："无论什么样的纠纷解决制度，在现实中其解决纠纷的形态和功能总是为社会的各种条件所规定。"[1]在现代中国社会，对人民调解制度的设计也应将当前的社会现实作为背景予以考察，这也是笔者对人民调解制度构想的基础。

一、人民调解组织网络构建的设想

人民调解组织的多元化和网络化是人民调解的总体发展趋势之一。人民调解的基本形式是村委会和居委会下设的人民调解委员会，这也是《宪法》所规定的人民调解委员会的最初形式。随着社会的变迁和人民调解制度本身的发展，人民调解组织的形式也越来越多样化。《人民调解法》也对企事业单位、乡镇街道、社会团体和其他组织根据需要设立相应的人民调解组织预留了制度空间，有利于人民调解在组织形式上向纵深的方向发展作进一步的挖掘，为扩大人民调解委员会的网络范围提供了法律支持。但是对于如何设立、如何在村、居委会以外设立人民调解组织又保证其相应的自治性没有相应规定。在实践中，新型的人民调解委员会都是由国家司法行政部门对其进行指导，在乡镇街道一级或更大的地域范围内建立。如何避免新

---

〔1〕 〔日〕棚濑孝雄著，王亚新译：《纠纷的解决与审判制度》，中国政法大学出版社 2004 年版，第 21 页。

型人民调解组织工作的行政化，如何在超出自治的地域范围建立自治性的群众性纠纷解决机构，这在理论上和实践中都是需要解决的问题。

笔者认为，在这一问题上，参照律师等行业建立行业协会的方式不失为一种有益的尝试。由基层人民调解委员会和人民调解员为会员组建人民调解协会，乡镇、街道一级的人民调解委员会以及像医疗纠纷、交通事故纠纷等专业性人民调解委员会由人民调解协会产生，并且各委员会之间不存在隶属关系。通过人民调解协会对人民调解员、人民调解委员会以及人民调解工作进行指导和监督，这一方面可以防止人民调解的行政化倾向，另一方面也在突破人民调解委员会地域限制的同时最大限度地保留了人民调解的自治性。当然，这样的人民调解组织网络只是一个初步的构想，很多具体的制度建设如调解协会应在多大范围内组建、各委员会之间的工作衔接等问题还需要进一步的深入研究。

二、由国家调解到社会调解

传统上的人民调解是我国全能国家体制的一个组成部分，呈现出国家调解模式的特征：在组织体系上由公权力指导甚至主导，在调解的功能上更多地强调人民调解的政治功能而将纠纷解决功能放到了相对次要的位置上。不可否认，在当时的历史条件下这样一种模式对于大规模地动用经济、政治资源预防和解决纠纷、维护社会的稳定、宣传党和国家的政策发挥了重要作用。但是这种模式在社会转型的过程中发生了严重的不适应。传统人民调解所追求的价值是以社会稳定为出发点，容易忽略当事人权利的实现。而在现代社会，人们在纠纷的解决上更加理性，权利意识已大为增强，所以人民调解应当将其错位的功能重新定位，以纠纷解决作为人民调解基本的和首要的功能。国家也应将部分纠纷的解决权让渡给社会，形成国家与社会调解并行的多层次的纠纷解决机制。对于社会调解的途径可以进行如下探索：一可通过鼓励非营利组织、志愿者组织和学校向社区提供调解服务，如北京的"小小鸟"调解委员会则是这一方式的成功代表；二是可以招募志愿者进入人民调解委员会；[1]三则也可以像"李琴工作室"的长宁模式一样通过政府购买专业调解服务得以实现。

三、由精英调解到职业调解

传统的人民调解由为社会提供秩序的精英阶层主导，而且调解员的权威与高效率、低成本成正比。调解员的权威越高，调解的成本就越低、效率就越高，调解也就容易成功，在很长一段历史时期人民调解都重复着这样一种规律。但这是以巨大的行政权力资源的投入作为前提条件，市场经济的发展使得这样不计成本的投入不再现实。社会的转型带来的社会结构的变化也使得传统精英在人民调解中的权威逐渐消解，而与此同时各地调解员年龄老化、文化低、法律知识不足难以形成自发性权威，使得公信力的建立成为人民调解工作的一大问题。[2]人

---

〔1〕 王福华："中国调解体制转型的若干维度"，载《法学论坛》2010 年第 6 期。

〔2〕 狄小华："中国传统调解制度的现代转型"，载《东南大学学报》（哲学社会科学版）2008 年第 6 期。

民调解的体制由精英主义向职业化发展已成趋势，虽然如上文所述，在农村和在城市所需要的迫切程度不同。至于如何实现人民调解员职业化，可以从以下几个方面进行：其一，建立专职调解员职业资格认证制度。职业化不等于专业化，所以对于专职调解员职业资格认证除相关法律知识外还需要良好的职业素养、职业道德、语言表达和沟通能力。通过相关的考试和测试，对符合条件者可以发给职业资格证书。其二，建立规范的培训制度，对调解员进行定期、系统、多样化的培训。其三，逐步建立人民调解的职业和薪酬体系，对于专职调解员给予薪酬，对于非专职调解员给予补贴或奖励，建立相应的激励机制。[1]

第五节　完善人民调解制度的具体思路

笔者将主要从人民调解的法治化道路出发，从人民调解的适用范围、人民调解协议的效力以及人民调解与其他纠纷解决方式的关系几个方面，尝试对人民调解在实践中所面临的主要问题进行回答，以探寻完善人民调解的具体措施。

一、明确人民调解的适用范围

对于作为专门规范人民调解工作的《人民调解法》，人民调解适用范围这一部分内容的缺失不能不说是一大缺憾。传统意

---

[1] 刘建会："人民调解专业化建设研究及探索"，载《人民调解》2010年第8期。

义上的民间纠纷的笼统性规定，已经不能囊括社会快速发展变迁的现实，应该制定相应的对策进行调整。面对原本就种类繁多、覆盖面广而又不断有新的形式出现的社会纠纷，就人民调解的适用范围而言，应该进一步明确民间矛盾纠纷的界定，即何为民间纠纷，民间纠纷的具体范围是什么，从而进一步区分人民调解、行政调解、司法调解的范围，可以通过立法实施细则的形式拓展人民调解组织的工作领域及外延。从理论上看，只要是当事人可以自由处分的权利纠纷案件皆可以进行调解。[1]

首先，可以沿用《人民调解工作若干规定》的概括性规定，同时对纠纷主体的范围予以扩展，规定人民调解不仅适用于公民与公民之间、公民与法人和其他社会组织之间，也同样适用于法人和法人之间、法人和其他社会组织相互之间涉及民事权利义务争议的各种纠纷。我国法律规定人民调解委员会可以根据区域和行业设置，行业内部设立的人民调解委员会可以调整法人之间的纠纷。如青岛市市北区 2008 年成立了全国首家婚庆行业人民调解委员会，该调委会主要调解婚庆礼仪服务从业企业之间、从业人员与消费者之间发生的民事纠纷以及婚庆礼仪服务从业企业与其挂靠人员之间的民事纠纷以及其他与婚庆礼仪服务有关的民事纠纷。[2]由此可见，人民调解委员会调解法人之间的矛盾纠纷是有现实可行性的。以上概括性的规定基本

---

〔1〕 刘云耕：《矛盾与化解——基层人们调解制度及其改进的研究》，中国社会出版社 2003 年版，第 59 页。

〔2〕 李娜："论人民调解制度的完善——以'人民调解法'为分析重点"，湘潭大学 2011 年硕士学位论文。

囊括了所有民事主体之间纠纷，使得人民调解的适用范围得以扩展，避免人民调解因主体的因素而被排除适用。

其次，这种概括性的规定可能会导致内容过于宽泛而在实践中难以把握，所以有必要结合当前人民调解工作在实践中比较常见的成熟的民事纠纷进行列举性规定。如除涉及婚姻、家庭、邻里、继承、析产、赔偿、债务、房屋、宅基地、相邻、承包、租赁等简单传统的各类民事纠纷，还应包括医疗损害纠纷、环境污染纠纷、劳动争议纠纷、消费者权益纠纷，物业管理纠纷等新型的民事纠纷。除此以外，还包括民事违法行为引起的纠纷、违反社会公共道德引起的纠纷、轻微刑事违法行为引起的纠纷等当事人能拥有自主处分权的纠纷。与此同时，还应明确规定哪些行为不能适用人民调解，这种规定的范围除划清公民权利与国家权力的界限外应尽可能的加以控制，以保证尽可能大的发挥人民调解的功能。

二、提升人民调解协议的效力

人民调解法律效力的提升主要体现于强制执行力上，人民调解协议是否具有强制执行的效力，是人民调解实践中不可回避的问题。目前，我国关于人民调解法律效力主要有以下规定：①人民调解具有合同性质。2002 年 11 月 1 日，最高人民法院《关于审理涉及人民调解协议的民事案件的若干规定》第 1 条："经人民调解委员会调解达成的、有民事权利义务内容，并由双方当事人签字或盖章的调解协议，具有民事合同性质。"②具有债权债务内容的人民调解协议经公证后具有强制执行力。2002 年 11 月 1 日施行的《最高人民法院关于审理涉及人民调解协议的民事案件的若干规定》第 10 条："具有债权内容的调解协议，公证机关依法赋予强制执行效力的。债权人可以向被执行人住所地或者被执行人的财产所在地人民法院申请执行。"③经司法确认后具有强制执行力。2011 年 1 月 1 日施行的《人民调解法》第 33 条规定："经人民调解委员会调解达成调解协议后，双方当事人认为有必要的，可以自调解协议生效之日起 30 日内共同向人民法院申请司法确认，人民法院应当及时对调解协议进行审查，依法确认调解协议的效力。"上述的一系列规定表明了国家正不断通过规章政策的制定、立法等途径加强人民调解协议法律效力，树立其权威性，使人民调解协议不再流于形式，更具可行性，为调解结果的实现提供了切实有力的保障。这样的制度设计既考虑了当前人民调解员的能力和水平，也体现了纠纷的司法最终决定原则，具有现实的合理性。

人民调解协议的效力问题作为长期以来困扰人民调解工作的瓶颈得到了缓解。这一问题之所以重要的原因就在于，调解协议的效力直接与人民调解的公信力联系在一起。在人们追求效率而又纠纷多发的现代社会，人们总是希望追求快速有效而又有确定结果的纠纷解决方式，所以对人民调解协议效力的探索不会也不应就此停止。正如日本学者谷口安平所诉："今天我们的社会生活的意识已经渗透了法和权利的观念，完全不问法律上谁是谁非而一味无原则地要求妥协的调解方式已经不可能再获得民众的支持，因为申请调解的当事人虽然没有选择利用诉讼制度，却也是为了实现自己的权利才提出要求调解。"[1]如

---

〔1〕〔日〕大须贺明著，林浩译：《生存权论》，法律出版社 2001 年版，第 22 页。

果人民调解协议的达成不能使当事人获得其应有的利益，试问还会有多少人愿意去花时间、费成本来进行人民调解？而现实中人民调解协议的履行主要有赖于当事人自觉，有赖于诚实信用的道德原则和社会舆论的压力。[1]如果纠纷当事人不顾道德和信誉，对调解协议予以反悔，不按照调解协议的方式履行义务，调解组织和调解员以及对方当事人都无能为力，也只能通过法院诉讼途径解决争议。调解协议成为了"君子协定"，只能约束"君子"，无法约束"小人"。人民调解协议的这种效力状况，使人民调解工作面临着难以摆脱的困惑，调解协议缺乏应有的权利保障。

由于赋予人民调解协议直接的强制执行力需要当事人增加额外的程序成本即通过申请公证或双方合意申请司法确认而取得，在调解过程中，人民调解工作虚化的状况并未完全改变。其存在的问题在前文中已有论述。要改变目前的状况，笔者认为一概地肯定或否定人民调解协议的效力都是不可取的。人民调解协议并非一般的民事合同，它是在第三方人民调解组织主持下，纠纷当事双方形成的合意，仅仅确认人民调解协议民事合同的效力而未有其他强制措施，未免是对纠纷解决社会成果的一种浪费。[2]因此，应进一步突破人民调解协议合同性质的局限性，对人民调解协议的确认程序进一步细化，使其更加有可操作性，可以将人民调解协议分成两种不同情况区别对待：

---

〔1〕 吴莹："人民调解协议性质和效力之理论冲突与实践困境"，载《社科纵横》2008 年第 11 期。

〔2〕 高翔："人民调解机制的现状调查与制度改进"，载《西南政法大学学报》2008 年第 1 期。

达成协议后在一定期限内，一方当事人不履行也不向法院起诉的，在一定期限内，另一方当事人可通过人民调解组织请求人民法院司法确认，人民调解组织不能拒绝，且必须在规定时间内向法院申请司法确认。人民法院主要进行形式上的审查，主要审查调解协议所依据的事实是否清楚，证据是否充分，双方的意思表示是否自愿、真实，有无违法现象等情况。对经法院司法确认有效的人民调解协议，即赋予该协议强制执行效力，当事人可以依法申请强制执行。这样做的好处在于：一方面，将法院的司法确认程序作为人民调解协议具有强制执行力的前置程序，符合目前我国人民调解组织整体法律水平还不够高的国情；另一方面，将司法确认程序的具体操作交给人民调解组织，并不增加纠纷当事人的时间成本和经济成本，符合人民调解灵活、经济、实效的特点。此外，如果一方或双方当事人在达成协议后的规定期限内又向法院提起诉讼的，法院应直接对人民调解协议进行合法性审查，如果协议内容合法，调解程序合法，且不违反自愿原则的，应赋予其法律效力，否则，应裁定协议无效后立案审查。这样，既能督促当事人尽快履行协议，维护人民调解组织的权威，又能维护当事人的诉讼权利，降低诉讼成本，节省社会资源。

三、规范人民调解与其他调解方式的关系问题

人民调解与其他调解方式的关系问题相对来说是一个更为宏观的问题，事实上这与如何构建一个合理的多元化纠纷调解机制密切相关。那么在一个多元化的纠纷解决体系中如何正确的定位人民调解与诉讼调解和行政调解的关系，如何实现人民

调解与诉讼和行政调解的有效衔接？

人民调解、行政调解和诉讼调解的主体和功能定位都是不同的，将不同类型的纠纷分流到不同的调解制度，可以优化纠纷解决体制。首先，调解机构的组织形式不同。人民调解的主持者是基层群众自治组织人民调解委员会，行政调解的主持者是具有行政管理职能的行政机关、行政机构及有关授权组织，而诉讼调解的主持者则是作为国家审判机关的法院。其次，功能优势不同。人民调解的优势在于及时、简便地解决纠纷的同时尽可能地减少当事人之间的对抗性，行政调解则在于其专业性，而诉讼调解的优势则体现在纠纷解决的程序性和权威性。再次，调解纠纷的范围不同。人民调解的范围一般限于调解组织所在辖区内的一般民事纠纷、轻微的刑事纠纷等当事人可以自行处分其权利的纠纷；行政调解所调处的纠纷则是与行政机关的行政管理活动密切相关的民事纠纷，以民事侵权损害赔偿为主；而法院调解的范围则除确认之诉与适用特别程序、督促程序、公示催告程序和企业法人破产还债程序之外的一切民事诉讼案件、刑事自诉案件和刑事附带民事诉讼案件、行政损害赔偿案件。除此之外，这三种调解所达成的协议效力也不同。人民法院调解达成的协议和制作的调解书一经送达发生法律效力，人民调解协议及行政调解协议本身不具有强制执行力。

关于人民调解与行政调解和诉讼调解的衔接模式，各地在大调解体系的推动下进行了探索，在实践中出现了委托调解模式和参与调解模式等机制。首先，关于人民调解与诉讼的衔接问题。这是一个双向衔接的问题，既包括从法院到人民调解的引导程序以分流部分诉讼案件，也包括从人民调解到诉讼的引导和对人民调解协议的效力衔接，其中效力对接是"诉调对接"机制的中心环节。对于案件的分流引导程序的方式主要就是调解前置制度，而关于人民调解前置制度其实是有颇多争议的。有学者主张，对于一些家事案件、小额的债务纠纷以及争议标的小、事实清楚的民事案件，将人民调解作为诉前的必经程序，调解不成方能提起诉讼。[1]对此也有人提出，人民调解前置侵犯了公民的诉讼选择权并由此而反对这项制度。[2]事实上，对诉权的适当的限制并不等于就是对诉权的侵犯，诉讼的目的也是为了纠纷的正确解决，而在一定程度上增加某些纠纷进入诉讼的程序，使用人民调解的方式反而可能使得纠纷得到迅速有效的解决。而对于效力衔接的问题主要是司法确认制度，这在上一个问题已经进行了分析，在此不再重述。其次，人民调解与行政调解的衔接问题。传统意义上人民调解与行政调解的区别是明显的。但是由于现实中很多行政违法行为带来民事权益争议，如土地承包纠纷、环境污染纠纷等。行政调解具有权威性、专业性的优势，但是调解则是一项周期长而且繁琐的工作，而行政机关的主要职能是进行日常的行政管理，长时间的调解可能影响其正常的运行。由此，发生行政违法行为时，可以在行政机关对违法行为进行行政处理以后，对于所涉民事权益争议如果权利义务关系明确只涉及具体的数量争议，这种类型的纠纷则可采取委托调解模式交由人民调解委员会进行调解。在

<hr>

〔1〕　徐昕："完善人民调解制度与构建和谐社会"，载《中国司法》2006年第2期。
〔2〕　阎庆霞："人民调解前置制度之反思——以民事程序选择权为讨论的出发点"，载《法学家》2007年第3期。

纠纷多发的劳动就业保障、城镇房屋拆迁、农村土地征用、土地承包等领域，则可成立专业性、行业性人民调解委员会参与化解纠纷。

（一）人民调解与法院调解的衔接

"调解优先、调判结合"是当前法院工作的重要原则，为贯彻调解优先原则，《人民调解法》规定了人民调解与法院调解的衔接制度。法院调解作为法院的一种重要纠纷解决方式，有着诉讼审判无可比拟的优势。法院调解有规范的程序规则；作为调解员的法官具有丰富的法律知识，能迅速找到争议焦点，达成的调解协议具有强制执行力。但法院调解也有其缺陷，部分法官思想意识僵化，久调不决的情况屡屡出现，法院调解对当事人意思自治的保护体现的不够，而且调解要收取费用。而人民调解不收取任何费用，且最大程度尊重当事人的意思自治。但美中不足的是人民调解没有规范的调解程序，调解员素质普遍不高，达成的调解协议往往不具有强制执行力，权威性不够。由此可见，人民调解的优点正是法院调解的缺点，两者各有优劣，功能互补。如若能将两者有效对接起来，将法院调解的权威性融入人民调解，将人民调解的灵活性渗透至法院调解，各取所需，实现优势互补，定能更好化解矛盾，提高纠纷解决的效率。实务中，主要通过在法院调解中引入诉前调解机制、诉中聘请、委托调解机制、建立联席会议制度实现人民调解和法院调解的有效对接。

1. 诉前调解机制。诉前调解机制是指在民事诉讼程序开始之前，由人民法院将纠纷引入调解程序的一种纠纷解决机制。诉前调解有以下特点：①调解主持人是法院。调解主持人可以是法官，也可以是由法院委托的其他适宜主持调解的机关和组织。②调解事项具有特殊性。诉前调解的启动可以是依申请的，也可以是依职权的。对于某些由法律规定必须在诉讼程序开始之前先行调解的事项，法院应当依职权进行调解。如我国民事诉讼法规定离婚案件在审理之前，法官有对纠纷当事人进行调解的义务。依申请的诉前调解是指针对法律强制性规定以外的纠纷，当事人在诉讼程序开始之前自愿向人民法院申请，请求人民法院对纠纷进行调解的机制。当前研究的诉前调解机制主要集中在依申请的诉前调解领域，拟探索构建一种适合中国民间纠纷的诉前调解机制。③调解协议具有强制执行力。经过诉前调解达成的法院调解协议具有法律约束力，任何人不得随意更改，这体现了法院调解协议的确定力。如果一方当事人不履行义务，另一方当事人有权向基层人民法院申请强制执行。这种效力和人民调解协议的效力是不同的，诉前调解协议具有强制执行力，这有利于调解公信力的实现，也有利于司法效率的提高。我国法律并未规定诉前调解程序，在实务中，按调解主持人不同，将诉前调解分为两种：一种是调解主持人是法官的调解。不少法院在立案庭专门设立调解法官，专门负责诉前调解工作。另一种就是调解主持人适度社会化的调解。在征得当事人同意的前提下，由人民法院委托相关基层调解组织进行调解。但无论何种诉前调解方式，其根本目的都是力促当事人之间形成合意，尊重当事人意思自治，而这也是诉前调解正当性的基础所在。总之，诉前调解机制有其独立的程序规则、运行机理，是与法院诉讼程序相区别的一种非诉讼纠纷解决机制。但两者又并非截然分开，泾渭分明，诉前调解与法院诉讼程序之间存在着千丝万缕的联系。将人民调解程序前置于诉讼机制，有利于保障当事人诉争外的权益，有利于充分保障当事人的程序选择权，有利于进一步提高司法效率。

2. 诉中委托调解。诉中委托调解是指在案件审理中，对于部分有可能通过调解解决的，在征得当事人同意后，委托特定的人民调解委员会对纠纷进行调解的一种纠纷解决机制。《人民调解工作若干规定》对诉中委托调解进行了一定的规制。诉中委托调解是人民调解与法院调解对接的新形式，其有以下优势：①有利于有效解决纠纷。人民法院作为委托人，将部分适合调解解决的纠纷委托给人民调解组织，有利于快速解决纠纷。人民调解组织的调解员通常是纠纷发生地有威望、有法律知识的人士，他们接近纠纷发生现场，对纠纷发生的缘由，当事人之间的前续关系、纠纷的习惯解决方式有着全面深入的了解，能快速找到争议的焦点，有效解决纠纷。②有利于节约资源。法院将纠纷委托给人民调解可以有效减轻法院的压力，使得法官可以腾出更多的精力解决难案要案，实现"精审判"。初级纠纷应当由其他社会组织比如人民调解委员会进行化解，人民调解委员会应当承担纠纷化解第一道防线的责任。法院则应只解决疑难杂症，将最后一道防线的作用发挥好。但当前出现的"诉讼爆炸"的情势，将法院从最后一道防线强推至第一道防线，而人民调解的第一道防线却逐渐弱化。诉中委托便于法院腾出手，着力解决重大疑难案件，节约了司法资源。也使得本该由人民调解发挥作用的领域回复到原本位置，有利于合理分配资源，达到资源的有效运用。另外，人民调解不收费，也可以为当事人节省部分诉讼成本。快速结案也使得当事人尽早从诉讼中脱身，回复到自然平衡的状态。

在实务操作领域，湖南省湘潭市的诉中调解制度开展的比较有特色。民事案件进入审理程序，对部分可能通过调解解决的，征得当事人同意后，可由当事人申请撤诉，人民法院出具委托调解书，委托纠纷所在地的人民调解委员会进行调解。双方当事人达成协议的，应当由人民调解委员会制作调解协议书，并可以向人民法院申请司法确认；双方达不成调解协议的，人民调解委员会向委托法院出具调解进程书，由人民法院依法恢复审理。对于事实清楚、证据确凿的轻微刑事案件和未成年人刑事案件，被害人自愿与犯罪嫌疑人、被告人达成刑事和解的，在不损害国家、集体和其他公民的合法权益、不损害社会公共利益、不违反法律和社会公德的前提下，可由司法机关向人民调解委员会出具委托调解书，委托人民调解组织进行调解。人民调解应当在尊重当事人意思自治的基础上，在合理的期限内完成调解，并将调解结果送达委托法院。经调解双方当事人达成人民调解协议的，人民检察院、人民法院可以依法对犯罪嫌疑人、被告人不批捕、不起诉、或者从轻、减轻处罚；如双方无法达成调解协议，则恢复诉讼程序。这些做法有利于诉中调解工作的进一步开展，在化解纠纷，保护当事人合法权益中发挥了重要的作用。

3. 建立联席会议制度。我国《宪法》和《民事诉讼法》都规定了法院对人民调解组织的工作有指导的义务，在当前探索人民调解与法院调解对接的机制的热潮中，人民法院应利用这一契机，加强对人民调解工作的指导，而建议联席会议无疑是一个良好的方法。首先，应建立定期联席会议制度。基层法院、基层司法所以及人民调解委员会应当每个季度举行至少一次会议，研究形势，加强交流。基层法院应通报民事审判工作情况，重点介绍民事典型案件，特别是涉及人民调解的民事案件的审理情况。人民调解组织要及时回报工作中遇到的困难，争取人民法院的帮助与指导。其次，人民法院要加强对人民调解员的培训。联席会议要讨论如何对人民调解员进行培训，特别是新的法律法规的及时通报与培训。法院应根据人民调解员年度培训计划所确定的内容，确定若干名资深法官作为培训的师资，并选派部分人民法官兼任街道人民调解委员会的指导员，重点指导格式文书的制作与使用、调解程序的进行与结束、调解依据的合法与合理。同时，人民法院应当向人民调解委员会不定期提供法律咨询、对重大疑难纠纷的调解给予指导。法院也可以选择典型案例派出巡回法庭到有关街道审理，并组织社区级调解员进行旁听。最后，建立人员互派制度。法院、司法局可以选择若干名经验丰富、知识广博的人民调解员作为人民陪审员，参与典型民事审判。通过对民调组织调解的民间纠纷进行诉讼前、诉讼中和诉讼后的全程指导，不但可以提高调解员的水平，有效解决了社会纠纷，也可以减轻法院的诉讼压力，把问题解决在基层。

（二）人民调解与行政调解的衔接

长期以来，行政纠纷主要由行政机关进行解决，而行政调解作为一种高效便民的纠纷解决方式也被广泛使用。但是，随着经济和社会结构的重大变迁，因企业破产、土地承包、征地拆迁、物业管理、村务管理、劳动争议、建筑工地施工扰民等引发的民间纠纷大量涌现出来。行政机关仅凭一己之力已无法彻底有效的化解纠纷，人民调解与行政调解的对接机制因此应运而生。行政调解两种最为典型的形式即是治安调解和信访调解，因此探索人民调解与治安行政调解、人民调解与信访调解的对接机制具有现实意义。

1. 人民调解与治安行政调解的对接。人民调解与治安行政调解的对接是有法律基础的，两者存在协调互通的契合点。据我国《治安管理处罚法》规定，公安机关调解对象是民间纠纷引起的打架斗殴等违反治安管理并且情节较轻的行为。而人民调解的对象是涉及民事权利义务的各种争议。治安调解的纠纷往往是民间纠纷的升级激化形式，两者存在递进关系。即使在实务处理中，进入治安处理范围的纠纷也并非一律施以处罚，对于不需要进行治安处罚的轻微纠纷，可以由人民调解组织进行调解，这一纽带也成为人民调解与治安行政调解对接的契合点。人民调解与治安行政调解的对接有法律基础，也有现实需要。当前，由于人民调解功能削弱，权威性降低，纠纷当事人往往愿意直接找到派出所要求解决纠纷。当前，派出所并没有专门的调解工作室，发生纠纷后，往往由 110 接警员赶赴现场解决纠纷。接警员根据案件的复杂程度会选择不同的纠纷解决方式，对于重大疑难纠纷予以立案侦查，轻微纠纷则尽量调解结案。虽然法律并未规定派出所有调解的义务，但实务工作中，派出所却大量参与纠纷的调解与化解。在警力有限的情况下，派出所还承担了调解矛盾纠纷的任务，这严重影响了派出所工作的有效开展。另外，派出所民警不熟悉调解技巧和方法，在调解过程中可能侵犯当事人的合法权益，造成事倍功半的反效果。在这种情况下，将人民调解引入治安行政调解，不仅可以缓解警力不足的压力，还可以拓宽人民调解的工作范围，最大限度的解决纠纷，化解矛盾。

人民调解与治安行政调解对接的适当方式是在派出所设立人民调解室。公安派出所对因纠纷引发的斗殴、轻微伤害案件不须追究当事人的治安、刑事责任的，或者虽然必须给予当事人处罚，但受害方明确表示愿意放弃追究对方当事人刑事责任，且双方愿意调解的，可以直接移送调解室进行调处。派出所的调解室在调解过程中，如果需要派出所提供帮助进行进一步调查取证的，派出所应予以配合。调处成功的案件，由调委会出具人民调解协议书，由公安派出所协助监督人民调解协议的执行，以提高调解的成功率和协议的履行率，降低办案成本。人民调解与治安行政调解进行对接增强了调解工作的主动性和预见性，不仅赢得了百姓的信任，也为社会和谐稳定和经济建设的平稳、高速发展提供了的必要条件。

2. 人民调解与信访调解的对接。随着城市化、工业化、市场化进程的加快，中国经济社会步入了转型期，即逐步摆脱计划经济体制、建立社会主义市场经济体制并在诸多方面与国际接轨。20 世纪 90 年代以来，一些长期积累的，或者在新的条件下生成的诸如征地纠纷、通货膨胀、官员腐败、交通拥堵、动迁争议、就业困难、劳资冲突、医患矛盾、环境污染、保障缺漏等各种社会问题错综复杂，困扰着我们的社会。

但是，由于转型期社会成员间的利益分配格局极不平衡，社会主义法制尚不健全，特别是利益诉求机制缺位，当前社会出现了较为严重的利益协调危机，因为利益分配不均衡而产生的社会矛盾尤为普遍和突出。部分社会组织及其成员利用自己的优势地位和所占有的公共资源，肆意扩张自己的权益领域；而社会成员中的一些困难群体，组织化程度和教育程度都比较低，则鲜能享受改革发展带来的各项成果，弱势群体对社会的影响力有限。当他们的利益被更为强势的阶层侵犯时，也很难找到有力的表达渠道。于是，越来越多的社会成员通过向基层政府（包括其派出机构）信访的方式提出诉求，维护自己的权益，由此带来基层政府接待的信访量过大。

但是，由于政府机构庞大，责任主体不明确，上访群众经常信投错门、访找错对象，造成有关单位"苦恼"，信访人"怨气"的现象。实际上，若是利益问题不能就地解决，群众就会对基层政府产生不信任感，更多的会采用越级上访的方式寻求帮助。尤为严重的是，由于一些别有用心的人推波助澜，惟恐天下不乱，在上访中如堵塞铁路、公路交通，围堵国家机关，拦截公务车辆等过激行为时有发生。

为解决信访案件急剧增多的问题，不少地方对其进行了积极探索。将人民调解机制引入信访制度是一种可行的办法，实践中称之为信访调解。信访调解是指各级行政机关、具有管理公共事务职能的组织、提供公共服务的企事业单位（以下简称社会管理组织）针对信访人提出的投诉请求，经信访人申请或信访人与有权处理信访事项的社会管理组织协商同意，依照法律、法规、规章和政策，信访人与社会管理组织或在信访机构主持下协商解决信访事项的活动。当前，信访问题严重，造成了恶劣的影响。受到"小闹小解决，大闹大解决，不闹不解决"思想的影响，有些群众在问题得不到及时解决时，就组织几十甚至上百人到政府集体上访或越级上访，向政府施压。信访人不愿走正常渠道反映诉求，对一些本应由政府职能部门和政法机关依法处理的事情，反复通过信访的形式寻求解决问题的办法。随着改革开放的进一步深入，利益格局的深入调整，信访纠纷也出现多样化的趋势，包括民商事、劳动争议、物业、医患、轻（微）伤害等属于人民调解范围的纠纷，噪音、采光、公共环境卫生等涉及公益性的群体纠纷，拆迁、历史遗留问题、涉法涉诉案件。在处理信访案件中，调解机制发挥了重要作用。当前，为进一步加强调解机制的运用，各地纷纷设立信访调解中心，探索人民调解与信访调解的对接机制，以期更好的化解矛盾，解决纠纷。实务中主要有两种模式：模式1，信访调解中心设立人民调解接待室和人民调解庭。由辖区内的调解委员会主任轮流值班。值班调解主任同司法助理员共同接待来访群众，共同处理矛盾纠纷，并做到只要能够通过人民调解方式化解的矛盾纠纷尽量通过人民调解予以化解，避免当事人的诉累。模式2，信访调解中心设立律师接待室。由街道办事处与一家信誉好、服务意识强的律师事务所签订合作协议，律师事务所保证每个工作日都有专职律师到信访调解中心值班。值班律师负责为辖区居民提供免费的法律咨询和无偿的法律援助，参与街道处级领导信访接待，以优惠的价格代理辖区居民的诉讼。司法所对值班律师的工作情况进行监督。信访调解中心的建立，使人民调解与信访行政调解有机的联动起来，解决了信访部门疏而不调的弊端，缓解了政府的工作压力。同时司法行政介入信访行政延伸了街道人民调解委员会的工作领域，拓宽了街道人民调解委员会的作业面，这是继人民调解与治安行政调解对接机制形成之后人民调解向矛盾纠纷汇集地延伸的又一体现。

四、提高人民调解员素质，加强人民调解员队伍建设

调解是一种与调解者个人经验、能力、法律知识或其他必要知识甚至人格魅力密切相关的实践活动，[1]"如果说法官的素质是推动司法改革的原动力，那么人民调解员的素质就是推动人民调解制度完善的重要力量。"加强和完善人民调解员队伍建设，是当前人民调解工作的首要任务。目前，人民调解制度存在的根本问题就是人民调解员的素质偏低、人民调解无法树立威信。大多数的人民调解员年龄偏大，文化水平有限，法律知识欠缺，不能够应对日益增多、复杂的社会纠纷。因此，提高人民调解员的素质问题成为亟待解决的问题。

（一）把好职业准入关，择优选拔

《人民调解法》第13条规定："人民调解员由人民调解委员会委员和人民调解委员会聘任的人员担任。"也就是说，人民调解员的构成可以分为选任调解员和聘任调解员。选任调解员是群众自治的具体体现。一般来说，选任的人民调解员是自治组织的成员，熟悉当地的村情民意，风土人情，与当地有良好的人际关系、较高的社会威望，这都有利于人民调解工作的顺利开展。在选任人民调解员时，为了确保选出合适的人民调解员，可以由司法行政部门组织预参选人员的报名，然后对这些人员进行统一考试，将考试合格者作为候选人员。在聘任人民调解员方面，一般来说，这些人员都具有较高的文化素质，较好的专业知识。聘任人民调解员可以将重点放在三个方面：一是具

---

[1] 尹力：《中国调解机制研究》，知识产权出版社2009年版，第17页。

有大专以上学历的法学、社会学或心理学等专业的毕业生，这也一定程度上解决毕业生的就业问题；二是当前的基层法律服务所面临转型改制，可以将其中的优秀人才吸纳到人民调解员队伍中，这样就节省了大量的培训成本，提高了人民调解员的整体业务能力；三是聘任具有较强的社会责任感、热心为社会服务的离退休检察官、法官、律师作为人民调解员。这些人员具有丰富的法律从业经验，能够很大程度的提高人民调解员的整体素质，树立起人民调解的威信，增强社会公众对人民调解的信赖感、认可度。

（二）建立规范的人民调解员培训制度

目前，我国在人民调解员培训方面，还存在着培训方式简单、内容单一缺乏多样性和系统性的问题，很多地方的人民调解员培训制度滞后的问题。制定培训计划和多层次培训网络不仅是立法的需要，也是提高人民调解员素质和业务水平的重要手段。调解是一种来源于实践的经验和艺术，不能简单依靠学历教育，而培训是提高调解技能的必要途径。以往我国人民调解员的培训模式存在较大问题，主要是讲授法律法规及调解制度，方式方法简单，一些现代调解原理、理念、伦理规范和技巧未得到应有重视。不仅地方司法行政机构缺少这方面的理念、知识和经验，很多培训机构本身对人民调解的理解也存在偏差，给调解带来了很多误导。如范愉教授在参与人民调解员的培训和调研中发现，"很多调解员并非自愿从事调解工作，缺少对调解的理解和热爱，不具备调解员应有的伦理规范和基本技能，简单机械理解依法调解，对调解的优势、特点及其与诉讼之间的关系理解不够，强调公开调解、裁判式调解，一些年轻调解员对各种民间社会规范缺少了解和尊重，这也是近年来人民调解运行状况不尽如人意的原因所在"。[1]

人民调解的发展并不能仅依靠法律的推动，而需要依靠每一个调解员的实践，他们的能力和素质（包括职业道德、法律知识、调解技能和经验等）决定着人民调解的质量、社会效果和未来。同时需要看到，人民调解正处在当代世界 ADR 的发展潮流中，其传统调解方式既有适应本土的优势，但也有些已经过时。需要在坚持自身特色的同时，逐步实现调解的现代转型、拓展发展空间，改革固有不足和弊端，不断发展创新。《人民调解法》实施后，其中的一些新的理念、原则和制度更需要通过培训落实到调解实务中。为此，应该对人民调解员实行岗前培训制度和定期培训制度，培训内容包括调解技能、基本知识、和专项技能培训等方面，培训方式可以多种多样，比如经常组织经验交流、法庭旁听、现场观摩等活动，各县（市）区乡镇（街道）可以组织辖区内的检察官、法官、律师等具有专业知识背景和丰富经验的人担任培训讲师和业务指导员。在实践中，人民调解员可以定期旁听法院庭审，法官也可以在庭审之后为人民调解员讲解案件背后的法理等，此外，法院还可以考虑将优秀的人民调解员纳入到人民陪审员的队伍中来，来提高人民调解员的调解能力。最后，"理论界需要加强对纠纷解决普遍规律和共同价值的研究，对调解的模式和成熟经验加以总结、提升和分析；在大学的法律和公共管理等院系中开设有关课程和专业方向；同时，适应人民调解的多元性特点和需要，进一步

[1]　范愉："人民调解法评析"，载《法学家》2011 年第 2 期。

完善调解员培训机制，注重提高调解员的职业道德和技能，促使古老的调解重新焕发出时代的生命力。"[1]

（三）推行人民调解员等级评定制度

为了适应新时期对人民调解工作的要求，应该在全国范围内实施人民调解员等级评定制度。所谓人民调解员等级评定制，是根据人民调解员的学历、能力、工作时间对其进行不同等级的平等，制作等级徽章与证书，挂证调解的一种制度。比如，北京、大连、宁波等地都实行了人民调解员等级评定制度，取得了不错的效果。其程序的主要内容包括：根据业务水平和工作年资设定等级；确定等级的考评范围；确定各等级的任职条件和晋升考核的内容和规则；确定不同等级的权利和义务；确定不同等级的报酬、待遇等；确定考核、培训和级别管理。这些实践积累的经验为其他地区乃至全国范围内推行人民调解员等级评定制都提供了很好的素材。

此外，在推行人民调解员等级评定制的同时应竭力避免形式主义，不能只对调解委员会的干部进行等级评定，或者在考核时以主观分代替实绩考核，也不能把等级评定制作为提高调解员待遇的临时性措施。

（四）加强人民调解员队伍的专职化、市场化、社会化建设

首先，建立专职的人民调解员不仅有助于达成合法有效的调解协议，还可以规范调解程序、落实调解制度，提高调解权威，有利于人民调解工作的发展。要提高调解人员的专业能力，除了提高职业的准入门槛外，还可以借鉴我国其他地区的经验。

---

〔1〕 范愉："人民调解法评析"，载《法学家》2011 年第 2 期。

如，上海市聘请了一些具有法律专业知识且有工作经验的担任社区的首席人民调解员，宁波市海曙区在本人自荐、社区推荐，考核合格的基础上，由街道司法所聘任专职人民调解员，聘期为3年，截止现在，该区每个社区均配备了一名相对稳定的专职调解员。

其次，积极探索人民调解的市场化，在条件成熟的地方，可以借鉴上海人民调解"李琴工作室"的做法，政府购买人民调解服务的模式，设立市场化的专业调解工作室，这种做法既可以保障人民调解工作充足的经费，同时将人民调解的民间性与政府的行政解决做出明确的区分。

最后，由于人民调解的民间性和社会性，结合我国目前的实际情况，我们要重视社会力量在消除矛盾和解决纠纷中的重要性。除了选择有法律专业背景的人才外，可以聘请退休法官、检察官、法学教授、律师或者相关专业的在校大学生做兼职人民调解员，或者聘请法官、律师、法学学者参与重大疑难矛盾纠纷的调解。还可以吸收本辖区内有一定经验且德高望重的退休人员或热爱调解工作的社会志愿者加入进来，作为职业化调解力量的重要补充。

（五）提高人民调解员的待遇，增加人民调解员岗位的吸引力

《人民调解法》规定，"人民调解员应当由公道正派、热爱人民调解工作，并具有一定文化水平、政策水平和法律知识的成年公民担任。"公道正派、热心人民调解工作固然是基本要求。但是在市场经济的冲击下，人们的思想观念变化很大，人民调解员待遇低的现实使岗位缺乏吸引力。因此，要提高人民调解员的待遇。《人民调解法》第16条规定，"人民调解员从事

调解工作，应当给予适当的误工补贴；因从事调解工作致伤致残，生活发生困难的，当地人民政府应当提供必要的医疗、生活救助；在人民调解工作岗位上牺牲的人民调解员，其配偶、子女按照国家规定享受抚恤和优待。"这有积极的意义，但是其如何执行是个问题。在很多农村地区，村民委员会经济基础薄弱，资金短缺，根本没法完成对人民调解员的误工补贴。因此，笔者建议，应该由政府对人民调解员的调解工作进行一定比例的误工补贴，同时，应该建立人民调解员的养老、医疗等社会保险，以解除其后顾之忧，提高其社会荣誉感。

五、加强对人民调解的经费保障

在我国，人民调解是完全免费，人民调解的经费来源主要靠基层组织自筹和政府财政支持。根据《人民调解法》第 4 条规定："人民调解委员会调解民间纠纷，不收取任何费用。"这主要是为了方便解决人们的纠纷，促进人民调解的发展。现实中，人民调解体系庞大，涉及面广，政府财政支持在经济发达地区可能微不足道，但是对于很多欠发达地区就会显得捉襟见肘。同样，基层的村民委员会、居民委员会经济力量薄弱，也无力承担人民调解的巨额费用。这就造成人民调解经费不足、运行困难，人民调解员工作热情不高的现象，最终导致人民调解制度失去活力。

调解资金的短缺，成为制约人民调解发展的瓶颈，人民调解的经费制度改革势在必行。笔者认为，应从以下几方面加大人民调解保障力度。①根据《人民调解法》第 6、12 条规定，应进一步制定可操作性的细则，明确地方政府、居委、企事业单位对人民调解工作的投入力度，在帮助、支持、鼓励、维护人民调解组织调处矛盾纠纷民间性、自治性，不妨碍群众实现自我管理、自我教育的基础上，切实解决人民调解必需的工作经费，重点解决人民调解组织业务经费、人员培训经费和人民调解员补贴经费，改善人民调解工作的环境和办公条件，切实提高人民调解工作的物质保障能力。以制度化的方式规定人民调解的财政预算，将人民调解的工作经费划入地方政府的财政预算和支出。目前，我国仅个别地区，以地方立法的形式将人民调解的工作经费和奖励经费纳入到地方政府的财政预算。如青海和杭州地区。这些地区在解决人民调解的经费方面值得其他地区政府借鉴。②建立人民调解员的奖励机制。人民调解员的工作报酬没有保障，就无法调动人民调解员的工作积极性。因此，为了调动调解员的工作热情，在保障人民调解员的工资基础上，可以建立人民调解员的奖励机制。并根据人民调解员解决不同性质纠纷，防止纠纷激化等工作成效给予不同奖励金额。③探索建立人民调解员人身保险机制。为人民调解员交纳人身伤害保险金，或建立人民调解员抚恤金制度，为不顾个人安危，勇于调解而受到伤害的调解员，解决后顾之忧，进一步调动他们从事人民调解工作的积极性。④对条件成熟的人民调解组织，可以尝试政府出资购买服务的形式，资助开展人民调解工作。⑤加大宣传力度，通过政府牵头建立基金等形式，发动社会力量筹集资金。倡导社会各界对人民调解的支持，设立"人民调解基金"，作为人民调解工作经费的融资平台，接受社会的资助，使人民调解资金保值增值。

可见，人民调解工作能否顺利开展是与政府对人民调解的财政保障分不开的。没有足够的资金做保障，人民调解工作也很难发挥其应有作用。并且，如果缺乏相应的奖励机制，也会对人民调解工作的开展产生深远影响。因此，我国政府应该加大对人民调解的财政保障，适时增加财政补贴，以法律的形式保障人民调解委员会的调解经费并落实人民调解员的工资报酬，这有利于调动人民调解员的工作积极性，利于调解工作的有序进行。

六、实现民间调解组织的整合

《人民调解法》实施后，一些新型调解组织会不断出现，而一些原有的民间调解组织如消协和劳动争议、医疗纠纷等专业性调解组织如何与人民调解组织实现有效的整合，也是一个复杂的问题。这些民间调解机构与人民调解组织既存在共性和统一、整合的可能，又具有与其不尽相同的特殊性。例如，与社区调解不同，消协、工会本身作为利益群体代表、不具有完全中立性；医疗、交通事故调解需要特殊的专业知识和经验；律师调解则具有法律评价性特点等等。这些特殊性需要通过更适当的规则、制度、人员结构、程序加以体现，因此，名义上的统合仍需建立在多元化的形式或实体之上。主管部门既要避免重复设立调解机构及其恶性竞争，克制急功近利发展高端调解机构的冲动，又要充分尊重各种调解的特殊性，通过具体制度设计和规则对新型调解组织加以规范；既要开放和激励，也应有必要的审查、监督、考核、惩戒、退出等机制。

七、建立科学合理的调解评估标准和机制

不可否认，由于熟人社会解体，传统文化和道德失落，社

会诚信缺失、市场风险加大，当事人的理性程度不高，利益冲突激烈，既有的法律意识形态等原因，当代社会当事人协商及合意达成日益困难，调解的利用率、成功率、解纷效果和社会功能可能相对降低。近年来，法学界也经常以人民调解组织与其调解纠纷的数量之比来证明其作用的降低。然而，这种评估标准存在明显的不足。首先，调解数量的下降与诉讼的增加或调解本身的失效之间并不存在简单的因果关系，因为调解的作用和数量很大程度上取决于制度安排（管辖权），不断出台的法律使以往由非诉讼机制处理的纠纷不断向法院管辖集中，如交通事故赔偿、医疗纠纷、劳动争议等。而从上世纪80年代以后，人民调解的范围不断被限缩。所以，法院的案件增长并非都是从人民调解那里而来，也不意味着后者的无能。在多数情况下，诉讼与非诉讼案件之间不能形成此消彼长的契合，非诉讼方式解决的纠纷总量无法准确统计；有些纠纷经非诉讼方式调解不成未必进入诉讼；而有些达成调解的纠纷，有可能再度进入司法程序。其次，基层人民调解的社会功能不仅难以准确量化，而且其效果往往与纠纷及处理的数量成反比，因为好的治理客观上会减少纠纷的发生，部分治理效果良好的地方确实会出现纠纷和调解数量下降甚至"无讼"的结果。再次，调解的作用不是完全替代诉讼，也可以是部分替代或起到辅助性作用。例如，当事人可通过民间调解对财产分割和子女抚养等问题达成离婚协议，但仍需经过行政或司法程序使离婚成为法律事实，调解尽管不能逾越法定程序确认离婚生效，但其作用仍是不可或缺的。在此，民调和司法统计可能是重合的。最后，在当代多元化纠纷解决机制的格局下，其他非诉讼机制（包括

协商和解、其他民间调解、各种仲裁、行政机制等）也在积极
发挥作用，使得纠纷得到多元分流，人民调解已不再是非诉讼
机制和民间调解的唯一形式。

　　综上所述，现有的评价机制需要进行调整，应根据调解组
织的实际建立科学合理的评价指标，关注其效果和效益，即投
入的资源、运行成本和收益之比，而不应仅以调解数量作为衡
量调解效果的唯一标准。基层民调组织建立在村居委组织内，
以兼职人员和志愿者为主，调解员人数和调解网络众多并不意
味成本的增加。因此，应着重考察其组织和调解网络的健全程
度，调解员的素质、数量、代表性和普遍性，尽量吸引群众和
志愿者的参与，同时以地方治理状况和效果作为评价标准，包
括调解规则（含村规民约、社区公约、规章制度等）、调解宣
传、社区成员的认知度，纠纷发生率、调解成功率、诉讼率，
调解员的公众评价，投诉情况，调解协议司法确认通过率、反
悔率，以及调解档案建立保管、调解员参与培训情况，并辅之
以调解案件补助、表彰奖励等激励机制和惩戒。而对高成本的
乡镇、街道和专业性调解机构，应注重对其功能、效益和效果
进行定期考评，如其效益明显过低，应使之尽快退出调解或
整改。

第六章　人民调解在城市与农村的
不同发展路径

　　由于历史原因，中国城乡二元化体制由来已久。所谓二元结构，是指"把一个社会和经济分成两个部分，这两个部分依据不同的原则运转，没有办法按照一个更高一层的原则整合到一起，甚至缺少这种整合的基础"[1]。随着社会的发展，城乡二元结构也发生了变化，从行政主导的二元结构转向了以市场为主导的二元结构，这种新的二元结构呈现出新的变化：城市和农村之间的联系越来越少，城市对于农村的依赖性越来越小。城市和农村的社会结构呈现出不同的特点。虽然农村社会以血缘和地域为纽带的关系在现代社会已经变得多元和理性化，但仍然是一个"半熟人社会"。相比之下，城市社区的大多数居民缺乏血缘和单位关系的连接，相互之间的关系更为疏远，也缺乏共同认可的权威。按照布莱克的关系距离与法律之间的关系理论，人们相互之间关系距离越近越不适宜用法律方法解决纠

---

　　[1]　孙立平："对社会二元结构的新认识"，载《学习月刊》2007年第1期。

纷，反之，关系距离越远则越可能适用法律方法[1]。关系距离理论在人民调解的实践中得到印证，在农村人民调解的过程中更多的使用的是情和理，而在城市社区的调解中最主要的依据则是法律。除此以外调解的方式因关系距离的不同而呈现出不同的特点，在农村人民调解的程序、方式、地点都更为随意，而在城市社区的调解则更趋规范。这就决定了人民调解在农村和城市的发展路径是不同的。

首先，人民调解组织的发展方向不同。在农村的人民调解委员会的组织形式虽然也出现了"道德庭"等新的名称，但是依然是传统的以情理为基础的民间调解的延伸。在城市则不同，源于工商社会的特点，主要表现为交通事故调委会、医疗纠纷调委会、集贸市场调委会等专业性和行业性人民调解委员会。在制度设定时应考虑不同的需求，以适应不同的组织形式的需求。

其次，对自治组织的依赖程度也不同。村委会由于拥有管理涉及村民生活各方面的公共事务的自治权限，而村民又大多愿意维持一个良好的人际关系，大多数纠纷都能在自治体范围内得到有效解决，村民自治对于农村的人民调解的运行意义重大。相比之下，城市居民委员会的自治权限有限，对于城市人民调解的发展更需要政府资助获得专业性的调解服务。

再次，对于调解员的要求不同。在农村社会调解员的组成非常广泛，人们依赖有威信和实力或能力的村干部、长者，如

---

〔1〕 〔美〕唐纳德·J. 布莱克著，苏力译：《法律的运作行为》，中国政法大学出版社 2004 年版，第 47～48 页。

何保持队伍的稳定性和经验的传承是农村人民调解委员会所面临的问题，对于专业化的建设需要因时因地制宜地开展。而对于城市的人民调解员而言，由于人们对人民调解服务的专业化的要求，人民调解员的专业化和专职化是人民调解制度发展的现实要求。

第一节　农村人民调解的发展设想

随着社会转型，我国农村也不是以往一成不变的孤立、人口流动小的传统社会了，大量的新型纠纷形式也出现在农村。农村纠纷也不单单是农民之间的纠纷，也出现很多干群之间的纠纷、土地征用、征收等复杂纠纷。因此，在对农村人民调解的发展建构上，应注意现代农村的新纠纷特点。同时，由于传统的城乡二元结构仍旧存在，在这种特殊背景下，研究人民调解制度在农村的具体适用，应着重对现在广大农村的人际关系进行分析。即农村以血缘、宗族等人情关系为主的强关系本位依然存在。所以，人民调解比法律有时更适宜解决乡土社会的纠纷。因此，农村人民调解的发展设想应主要围绕农村社会的"强关系本位"、社会转型期农村纠纷新特点进行研究。

一、建立多元的纠纷解决机制

以往我国农村的民事纠纷主要集中在相邻关系、赡养关系、婚姻家庭等一些涉及道德伦理的纠纷，内容相对简单，由人民调解一般可以解决类似纠纷。而随着社会转型冲击着生活的方方面面，农村赖以存在的社会基础也发生了改变，大量农民外出打工，产生了相当多的农民与企业之间的纠纷，还有干群之间的纠纷、征地拆迁安置纠纷、土地承包纠纷等复杂纠纷，这类纷争现已成为我国农村的新型纠纷形式，大大冲击了我国农村人民调解的解纷功能，以往的人民调解面对这些新形式的纠纷，有些力不从心。因此，针对社会转型期，我国农村民事纠纷的新特点，我们应建立多元的纠纷解决机制。

由于转型期我国农村的纠纷，人民调解无法完全满足纠纷解决需要。所以，我们应该加强人民调解解决纠纷、基层政府解决纠纷与法院解决纠纷的互动与衔接，建立多元的纠纷解决机制，不能单单依靠人民调解来解决这类新型复杂的社会纠纷。比如，关于征地拆迁安置纠纷，当纠纷发生时，首先由村调解委员会解决，如果达不成协议，可以向上一级政府反映，由基层政府参与纠纷的解决，仍旧调解不成，最后再借助法律手段解决争议。建立多元的纠纷解决机制，有助于转型期农村纠纷的解决，减少了因直接将纠纷推向法院而带来的司法压力。

二、建立"三级联动"的调解组织网络

转型期的农村人民调解工作还存在着司法资源不足的问题。作为国家正式法律救济制度深入农村社会人民调解，由于只在农村的乡镇和城市的街道一级设置人民调解委员会，很难满足人们解决纠纷的需要。所以，应该建立更多的调解组织，形成调解组织网络。如海南省司法行政机关有的领导明确提出，应建立"三级联动"的调解组织网络，认为："应将现在的村、镇（乡）两级调解组织扩展到县（市）一级，调解中心的主任应由县（市）一名党委副书记或常务副县（市）长担任，副主任应由司法局长担任，主持日常工作。实现村、镇、县（市）三

级联动，各司其职"。参照海南省设立的"三级联动"调解组织网络，可以缓解我国两级调解组织无法满足解纷需要的现状，同时，"三级联动"调解组织网络的实行，也需要在政府领导下，多个部门给予积极配合，才能起到显著作用，缓解司法资源不足的缺陷。

三、提高农村的人民调解员素质

在转型期的农村人民调解工作中起关键作用的是人民调解员。在城市人民调解中，法官起着重要作用，而在农村人民调解中人民调解员比法官更能发挥解决纠纷的作用。理由是人民调解员虽主要是一些基层干部或者有文化的知识分子，没有像法官那样受过系统的法学素养的培训，但由于处理过相当多的民间纠纷，了解当地的实际情况、风土民情，积累了丰富的调解经验，比起法官更适合做人民调解工作，更具优势。同时，人民调解员解决纠纷的过程也是对当地民众进行普法宣传、送法下乡的过程。用朱苏力的话说，"这还是一种真正的普法、一种现代社会文明的教育，一种对人的训练，一种关于说话的场合、方式、口气、语词、态度的指教，一种关于权威、证据的辨认，一种新的生命和人格的操练，一种单兵教练式的规训。"所以，我们不能忽视人民调解员在农村人民调解发展中的重要作用。

然而，我国农村人民调解员的整体素质并不高，而人民调解员素质高低又是制约我国农村人民调解发展的重要因素。尤其是面对转型期农村的新型复杂纠纷，更要求调解员具有较高的文化水平。所以，我们要广泛开展人民调解员的素质培训班，对人民调解员进行法学专业的培训，提高他们的专业水平，有利于提高农村人民调解的工作实效。

可见，在面对转型期我国农村人民调解的发展途径问题上，主要是如何解决新形式的民间纠纷，不能仅依靠人民调解的力量，而是应该建立多元的纠纷解决机制，实现人民调解与其他纠纷解决方式的互动。同时，在农村人民调解的发展构想上，应重视人民调解员素质的问题与司法资源供给不足的问题。这些问题的解决直接关系着我国农村人民调解制度的发展。

第二节　城市人民调解制度的发展路径

由于我国处在社会转型期，城市中的人民调解赖以生存的社会基础发生明显变化，人民调解在城市的发展出现了明显的滞后性。城市中的人民调解的变迁模式主要表现在纠纷主体、纠纷诉求、纠纷内容从单一向多元的变迁，"熟人社会"向"陌生人社会"的变迁，人际关系愈加陌生化。可见，由于社会转型，我国城市中的人民调解的纠纷、矛盾正趋向高额经济纠纷、版权纠纷等比较复杂的纠纷形式，其解决纠纷的能力与纷繁复杂的社会纠纷出现明显不平衡。因此，针对现代城市人民调解的发展状况，实现城市人民调解制度的现代转型是非常有必要的，应大力发展人民调解行业化、专业化、社区化的发展趋向，有利于人民调解在城市中充分发挥其解纷功能。

一、城市人民调解的行业化

在社会转型期，仅依靠地域上的人民调解委员会解决大量复杂的社会纠纷，显然已不能满足现在多元的解决纠纷的需求了。因此，为了让城市中的人民调解能适应现在的解纷需求，我们应向更广阔的领域延伸，从一般的婚姻、家庭、邻里、借贷等进一步延伸到城市建设、土地流转、劳动人事、消费者权益、医疗纠纷、物业管理和环境污染等多方面。

我国目前已建立医患纠纷调解委员会、建筑工地临时调解委员会、消费者协会调解委员会、交通事故争议人民调解委员会等行业性调解组织。这些行业性调解组织均有其自己的解决纠纷方式，并调解了大量的纠纷。在未来的发展中，力求将城市中的人民调解向行业化方向发展，这种以行业、社会团体等为基础的行业性调解组织的相继建立，对解决社会转型期的纷繁复杂的矛盾、纠纷，是行之有效的举措。

城市中的人民调解的行业化调解组织与传统人民调解组织相比具有很多优势与特点，有利于缓解我国城市中人民调解功能弱化的趋势。主要优势在于行业性调解组织对属于自己领域内的纠纷要比人民调解委员会更了解纠纷性质、类型，能够更及时有效的解决纠纷。同时，行业性的调解组织一般依据相关的交易习惯、行业性标准等来解决该领域中的自然人与法人之间的矛盾，使调解过程更行业化、规范化，调解结果更让当事人信服，从而也提高了调解组织的公信力。可见，城市中的人民调解向行业化趋向发展，有利于缓解我国人民调解在社会转型期的不适应性，提高人民调解的解纷能力，实现人民调解在城市的现代转型，以适应现在社会的解纷需求。

二、城市人民调解的专业化

社会转型期的城市人民调解作用弱化，为了使其发挥原有功能，解决社会纠纷，我们应努力实现城市人民调解的专业化。人民调解专业化，即专门从事人民调解工作的人要具有法律背景，受过法律专业教育、具有法律工作经验或者长期从事调解工作，具备丰富的调解工作经验。同时，为了提升人民调解专业化水平，应该加强对人民调解员的培训和指导，吸纳大量的具有法律知识背景的人员加入人民调解员的队伍。当然，人民调解专业化的发展模式，也并不意味着对所有调解员的文化程度、专业技能都要与调解员的学历、所学专业联系在一起，而是以灵活的标准，根据不同领域内的纠纷解决需要采用不同标准。如医患纠纷方面的调解，则需要调解员的专业技能高一些，而对一些基层社区的简单民事纠纷，调解员具有一定的法律知识、文化水平，可以公正、公平的调解，足以应付这些纠纷即可。具体地说，在一些司法、行政系统的调解，应统一提高调解员的准入资格标准，从整体上提高司法、行政系统的调解员的素质、专业水平，吸纳一些退休法官、律师等专业人士加入人民调解员的队伍；对于行业性组织的调解，如消费者协会调解、医患纠纷调解等行业性调解，由于其行业的特殊性，在处理纠纷时需要很强的专业技能、专业知识，所以对调解员的选拔要具有相对高的标准。如果处理这种专业性较强的纠纷，不具备过硬的专业知识、专业水平，很难对纠纷进行疏导、调解，很难让当事人信服，难以顺利开展调解工作。所以，提高行业性调解组织的调解员准入标准是非常必要的；对城市社区的人民调解，可在城市街道、居委会设立首席调解员，有利于丰富的调解经验、调解方法的积累与传承。

人民调解向专业化发展，有利于从整体上提高我国调解员的专业水平，提高调解成功率，也是城市人民调解未来的发展趋向。只有人民调解专业化，人民调解才能发挥其卓越的解纷作用，成为我国司法审判的基础。

三、城市人民调解的社区化

随着我国城市化进程的加快，社区已逐渐成为基本单位，是社会经济文化生活的重要枢纽。大部分纠纷都是在社区内解决的。可见，我国城市中的人民调解在社会转型期，逐渐向社区化发展。即人民调解工作在城市的开展主要以居民委员会等社区为主。我国城市社区化的人民调解与传统调解形式有一些不同，社区内的居民身份比较复杂且流动性较强，造成人们之间的关系比较疏远，社区内的纠纷也频繁发生。因此，城市人民调解向社区化发展，可以将纠纷双方的矛盾解决在社区内部，有利于及时发现并调解纠纷，防止矛盾激化，有利于城市稳定。

社区化的人民调解有着独特的优势，对恢复城市人民调解制度的解决纠纷能力非常有意义。社区化的人民调解是自治化与行政化的融合，是依法调解与情理调解的结合。其在依法调解基础上，以灵活的解纷方式对纠纷进行疏导、规劝，调解效果比较显著。因此，我国城市人民调解应向社区化发展。

城市社区的人民调解的组织可以具体设置为：在社区中，将调解委员会隶属于社区居民委员会，主任可以由社区主任兼任，也可以另选任，副主任两名。其中，调解委员会在调解纠纷的过程中，还要定期向所属的社区居民委员会反映调解纠纷的情况，向其汇报调解工作。而社区居民委员会则应定期向所在区的司法局、法院汇报调解进展。城市社区的人民调解主要受理关于群体性纠纷、社区居民请求调解的纠纷。其中，群体性纠纷多发生于社区内，如不及时制止，不利于我国城市的稳定发展。因此，由社区对群体性纠纷进行调解，是非常有必要的。而社区居民请求调解的纠纷，一般涉及物业纠纷、争议标的额较小的纠纷、相邻关系等纠纷，尤其是一些涉及当事人婚姻家庭类的纠纷，由于无太多利益诉求，通过社区调解可有效保护当事人的隐私。因此，实现城市人民调解的社区化，是解决社区内纠纷的明智之举。比如上海的人民调解李琴工作室、宁波海曙的社区专职人民调解员等新型组织。其解决纠纷的效果比较显著。因此，城市人民调解向社区化方向发展，有利于及时发现纠纷、解决纠纷，将案件分流，缓解法院因案件繁多带来的重负，也有利于维护社会秩序，实现社区自治。

综上所述，人民调解在城市的发展设计上，主要是以人民调解作为我国诉讼的有效补充机制为目的，减轻法院的司法压力，节省我国社会资源。为此，我国城市中的人民调解应向行业化、专业化、社区化发展。

第七章　人民调解纠纷解决
新模式的探索

当下，为了进一步延伸人民调解功能，不断发挥其在矛盾纠纷源头预防、化解中的作用，我国各地方在探索建立以人民调解为基础，具有各地特色的多元化矛盾纠纷化解机制方面做了许多有益的尝试，为区域矛盾冲突的缓解化解、人民群众的安居乐业、和谐社会的构建作出了积极的贡献。虽然在具体实施过程中仍旧存在着不少问题和争议，有些尝试仍有待观察，效果还需要进一步在实践中考察，但很多思路是积极的。笔者认为，对一些具有代表性的做法进行研究、分析，并在此基础上，总结好的经验，弥补存在的不足，从而进一步探索完善我国现有的人民调解制度是相当必要的。

第一节　"大调解"工作模式

党的十六届六中全会通过了《中共中央关于构建社会主义和谐社会若干重大问题的决定》，指出："要完善矛盾纠纷排查调处工作制度，建立党和政府主导的维护群众权益机制，实现人民调解、行政调解、司法调解有机结合，更多采用调解方法，综合运用法律、政策、经济、行政等手段和教育、协商、疏导等办法，把矛盾化解在基层、解决在萌芽状态"。全国一些地方结合实际情况，开展了党委政府牵头，整合各类新资源，推动各种调解之间相互衔接配合，官民结合、政社共举，创造性地合理解决日益繁多的各类矛盾纠纷的有益实践。[1] "大调解"是当下我国各地在实践中逐步探索推进的纠纷化解模式。笔者认为，所谓"大调解"，具体来说，应该是指在当地党委、政府的统一领导下，由政法综合治理部门牵头协调、司法行政部门业务指导、调解委员会具体运作、职能部门共同参与的纠纷化解模式。比较有名的有：山东"陵县模式"。"陵县模式"是全国最早的创新模式，作为乡镇"大调解"的代表是一种司法行政或准司法的大调解模式。陵县的乡镇（街道）调解中心是由乡镇党委政府统一领导，以司法所为依托，在此基础上把信访、法庭、派出所、计生、民政和工会、妇联、团委各有关部门和单位的力量进行整合，把人民调解、行政调解和司法调解有机结合的一种模式。这种模式具有明显的准司法性质，体现了民间调解与行政解调的衔接。

浙江诸暨"枫桥经验"。"枫桥经验模式"是社会治安综合治理的典型。是指政法委负责领导并进行协调调动各种资源的配置，由法院直接参与并进行业务指导，以乡镇一级的人民调解委员会为基础组成镇、社区、村（企）三级网络，注重调解

---

〔1〕 吴志明：《大调解——应对社会矛盾凸显的东方经验》，法律出版社2010年版，第27~28页。

与诉讼的衔接，强化调解的纠纷预防的一种模式。

南通的大调解模式，这种模式由党委政府统一领导，由政法综治协调，依托司法部门，构建了一个横向由综治、司法、信访等几个与社会矛盾关系密切相关的部门参与，纵向由在县、乡的调解中心、村一级的调解室、村民小组设立的调解站和每10户的信息员所组成的"大调解网络"。这种调解模式突破了人民调解行政司法部门归口管理的体制局限，并且深入到最基层的农民、居民家庭。

"上海长宁"模式。"上海长宁模式"是城市人民调解的一种创新，对于多元化纠纷解决机制的建立以及调解制度的改革也具有重要意义。上海长宁区的这种模式建立区、乡镇街道以及村委会居委会三级组织网络，并在街道一级建立专业化的人民调解委员会，解决了调解人员的稳定性和专业性问题，此外，还在法院设立人民调解窗口，与诉讼调解得到了较好的衔接。

上述几种模式的共同点是将人民调解制度与司法调解、行政调解资源相整合，在党委、政府的统一协调下，共同参与矛盾纠纷的化解。"大调解"概念的提出和其在具体实践中的运用进一步拓展了人民调解的内涵，其优点不言而喻：有效地整合了社会各方资源，形成了多方联动的工作格局，进一步增强了矛盾纠纷调处化解的针对性和整体合力。在政府行政权力的干预下，人民调解的针对性和效率得到进一步增强，应对处置各种矛盾纠纷的适用范围得到不断扩大，进一步凸显了人民调解"定分止争"的独特功能。

但同时，"大调解"的概念也引出了一个棘手的问题，即如何将民间社会调解与行政调解与司法调解区分开来，如不加以明确区分，则人民调解本身应有的群众性、自治性、民主性是否会因此发生改变，其工作重心是否将围绕政府的工作目标进行，人民调解的自治化是否会向行政化和司法化倾斜，人民调解在"大调解"工作模式中如何进行定位等一系列问题值得我们去思考研究。

笔者认为"大调解"作为一种新型的民间纠纷化解工作模式，在实践中的操作是有许多可取之处的，但在运行过程中，决不能饮鸩止渴，一味地追求政府行政目的，而摒弃人民调解组织的自治性。应打破现有"大调解"对人民调解、司法调解、行政调解三者的模糊概念，在制度上予以明确区分，使之符合我国宪法、法律对人民调解组织群众自治性的规定。同时，应进一步规定政府在"大调解"体系中的职能重点应在于"协调"而非调解，即行政部门可以协调各方，整合各种资源，为各种不同的纠纷找到适当的解纷机制入口，而不是亲力亲为地解决出现的纠纷，决定纠纷的处理方法。民间纠纷调解的主体仍应是人民调解组织，只要调解的主体仍然是人民调解委员会，人民调解的自治性就不会因受托主体而发生改变，人民调解在"大调解"的整体框架下的矛盾纠纷调处必将如虎添翼。

第二节 "社会化"工作模式

以上海市长宁区为代表的地方政府对解决人民调解制度改革、社区建设与纠纷解决等问题进行了有益的探索和尝试，即人民调解的"社会化"。所谓"社会化"，就是利用社会组织、社会机构、社会力量化解矛盾纠纷，政府作为行政管理部门，不应走在调处矛盾第一线，应采取经济、行政等各种手段，积极扶持、资助人民调解工作，从而形成良好、规范、有序的社会自律机制。[1]上海的"李琴工作室"、"杨伯寿人民调解工作室"等人民调解工作室的成立和运作就是人民调解社会化的良好尝试。2004年上海江苏街道以政府购买服务的方式，与"李琴工作室"签订协议，每年出资12万元为辖区内居民购买专业化的民间纠纷调解服务，为辖区内的6万居民购买由"李琴工作室"提供的专业民间纠纷调解服务，工作室需承担该街道四成一般纠纷和九成疑难纠纷的调解。

虽然"购买"一词值得商榷，但政府通过购买人民调解服务化解民间纠纷的探索值得肯定。其一，强调了政府职能与民间调解之间性质的区分，避免政府行政行为与人民调解组织功能的混同。政府作为行政管理部门，不处在调处矛盾第一线，不直接主持、介入矛盾纠纷的调处，而是通过出资"购买"，在不改变人民调解组织原有性质和运作方式的前提下，通过资金投入提供其生存和发展的条件。当事人在得到更为经济、便捷的人民调解服务的同时，将人民调解自身的民间性及其社会功能同政府行政行为有了明确的区分，进一步转变了政府职能，符合小政府大社会的治理原则。[2]其二，符合公共利益。政府出资扶持、鼓励人民调解，注重情理法的结合，可以避免纠纷升级、扩大或久拖不决，减少诉讼，有利于维护当事人的权益、

---

[1] 陆春萍：《转型期人民调解机制社会化运作》，中国社会科学出版社2010年版，第217页。

[2] 范愉："社会转型中的人民调解制度——以上海市长宁区人民调解组织改革的经验为视点"，载《中国司法》2004年第10期。

维护社会稳定，符合社会和民众的需要及社会道德和凝聚力的提高，进而维护正常的社会秩序和法治环境。同时，向民众提供人民调解服务的本身体现了政府的责任和义务，符合当下对政府社会管理的要求，有效地实现政府对社会面的指导和控制。其三，解决了人民调解经费难题，维护了调解的生存和发展。《人民调解法》规定，人民调解是免费的，实践中，不收费无法保证人民调解工作正常的运作和发展，收费则使得民众无法从调解中受益，纠纷当事人宁可直接进入诉讼而不愿意选择调解。因此，政府通过资金投入购买服务的方式既可以使人民调解摆脱自身发展的困境，保证有序、规范运转，又能够使其坚持不向当事人收费，使老百姓更乐于选择这种低成本的纠纷解决方式。政府不通过财政拨款，而是通过出资"购买"，由政府资助、扶持、鼓励人民调解在保留其自身民间性、自治性的同时，为当事人提供便捷经济的纠纷解决方式，促进纠纷解决机制的多元化。一方面提高了人民调解的工作效率，解决了人民调解经费难题，另一方面是适应了多元化矛盾解决的需求。其四，与国际接轨。在公共和社会服务的提供中，以合同的形式来购买服务是最常用的一种形式，即公共服务通过订立合同的方式委托民间营利或非营利组织，由它们提供服务，这种方法被称为购买服务，在20世界70年代初期首先在美国开始盛行，1979年，美国大约有55%的服务是州政府和非营利组织通过契约的形式购买其服务的。例如，美国大多数州在心里健康方面实行了政府购买服务的制度，这样避免了政府的官僚制，可以让心理健康服务更适应当地居民的需要。在美国，合同外包的领域还包括高速公路、供电、通讯、垃圾处理、污水处理等设施的

建设和经营。[1]进入 90 年代以后，大多数国家的政府都从管理
实务转变为"管理合同"的时代。[2]这种合同承担的模式能够
使人民调解更具有非营利性组织特征，具体表现为组织专业性
和服务能力的进一步提高，并保证了人民调解工作与基层政府
良好合作关系的形成。所以政府让渡的是公共服务中"划桨"
的职能，而增强了政府"操舵"的职能，使政府从公共服务的
"直接提供者"转为"购买者"和"监督者"。[3]在探索人民调
解社会化过程中，同样存在着一些问题需要解决和完善。目前
上海地方政府一般通过与人民调解工作室签订购买服务合同的
形式，开展人民调解社会化工作，如："李琴人民调解工作室"、
"杨伯寿人民调解工作室"等。但是上述工作室与其他的人民调
解组织，如居委、村委人民调解委员会，乡、镇街道人民调解
委员会之间的关系如何确定和理顺；调解工作室在按照合同开
展具体民间纠纷调解的同时是否会就具体个案与其他人民调解
组织产生推诿、扯皮或者与律师事务所、法律服务所为个案产
生争利行为；人民调解工作室在通过完成与政府签订的量化的
纠纷解决工作指标的同时，是否会逐渐沦为政府化解地方矛盾
的下属机构，变相地接受地方政府的领导，丧失其自主性和对
如何处理具体纠纷的决定权；政府购买调解服务的范围是否可
以进一步从人民调解工作室向居委、村委人民调解委员会推广

---

〔1〕　朱眉华："政府购买服务——项社会福利制度的创新"，载《社工研究》
2004 年第 8 期。

〔2〕　张秀兰、徐月宾："我国社会福利社会化的目标及途径探讨"，载《江苏
社会科学》2006 年第 2 期。

〔3〕　陆春萍：《转型期人民调解机制社会化运作》，中国社会科学出版社 2010
年版，第 114 页。

实施；如果推广实施，怎样保持居委、村委人民调解组织原有的自治性、民间性和群众性。上述问题，亟待相关部门在进一步加强调查研究的基础上，从体制、机制甚至法律、法规、政策上予以可操作性地规定。

　　笔者认为，政府购买调解服务是我国人民调解制度完善的有力探索和尝试，其本身的运作还有待在实践中具体的改进和完善，但有以下几点是必须严格把握的。①政府购买服务的人民调解组织的定位必须明确，即它应是独立于政府的组织，与政府没有任何隶属关系及领导与被领导的关系。②政府购买服务的人民调解组织讲话不应代表政府，在开展具体个案的人民调解工作中，应有独立的意志和决定权，民间纠纷的受案范围、处理原则和工作方式完全取决于与政府签订的合同。③具体的合同内容及相关权利义务，应是政府与相关人民调解组织平等协商下确定的，政府不能将自己的意志强加于合同之中。④人民调解组织化解矛盾纠纷是为政府排忧解难，但政府不能因此干涉与之签订购买服务合同的调解组织的工作自主性，政府最多只能参与具体问题的牵头协调和有限度的业务指导。

第三节　"社会法官"工作模式

　　从 2009 年 4 月起，河南省高级人民法院在全省范围内开始建立"社会法庭"，选任"社会法官"，充分调动社会力量参与解决基层矛盾纠纷。"社会法官"的依据为法律法规、乡规民约、道德伦理等，"社会法官"的性质为自主、自治协商调处矛盾纠纷的民间组织，"社会法官"的组织机构一般设立在乡、镇政府所在地。每个"社会法庭"配备 2 到 3 名常驻"社会法官"，从基层中德高望重、热心公益、有较高解决纠纷能力的群众中聘请，负责日常调处工作。群众不用上法庭，不用交诉讼费，不用走复杂的诉讼程序，在"社会法官"的主持下，通过平等协商的办法解决民事纠纷。

"社会法庭"与"社会法官"中的"社会"强调的是依靠社会力量，化解民间纠纷，而"法庭"和"法官"则显得通俗易懂，使群众能明白这是解决纠纷的。正如河南省高级人民法院院长张立勇所说："虽然有'法庭'、'法官'这顶官帽，它们不是官，恰恰相反，它的生命力在于社会性、民间化。""社会法庭"是一种解决社会纠纷的自治性民间组织。

对于"社会法官"制度，赞同声与质疑声同在。赞同者认为，"社会法官"制度立足调解，以化解矛盾达到社会和谐为最高目标，是法院对客观需要的正确认识，具有创新价值。质疑者则认为，河南"社会法官"组织性质、人员选任、工作内容、工作方式和方法同人民调解组织基本一致，是在法院系统下又设立了一套人民调解机构，是资源的浪费。

笔者认为，探讨一套制度是否长效可行，合理合法，除了对其社会效果的衡量之外，更重要的是在现行法律框架下，能否找到依据和立足点，虽然有观点认为"人民法官"制度是区别于人民调解制度的，它是在法院系统下赋予选任的群众以"社会法官"的称号，同时，"社会法官"是由纠纷当事人依据他们的意愿随机选出。但笔者认为，"社会法官"制度的实质仍旧是对人民调解制度的探索完善，它并不独立于人民调解制度，是在现有人民调解制度下对多元化纠纷探索解决新途径的有力尝试。

首先，从立法上看，《人民调解法》第5条有规定："基层人民法院对人民调解委员会调解民间纠纷进行业务指导。"第34条规定："乡镇、街道以及社会团体或者其他组织根据需要可以参照本法有关规定设立人民调解委员会，调解民间纠纷。"因此，我们完全可以将"社会法官"作为在法院指导下的，参照《人民调解法》有关规定设立的人民调解委员会。其次，从工作方式来看，"社会法官"采用通过免费调解来化解纠纷，运用的是情、理、法相结合的说服、教育为主的工作方式，所参照的除了法律、法规、国家政策之外，还包括公序良俗、村规民约，这与我国现行的人民调解并无明显区别。再次，从人员组成上，"社会法官"与人民调解员一般都通过选任，来自区域中政治素质好、群众威望高、专业知识强或善于做群众工作的人民群众，纠纷当事人可以根据自己的意愿选择是否通过"社会法官"或人民调解员参与解决矛盾。最后，从组织性质来看，"社会法官"和人民调解委员会都为群众自治性民间组织。

作为一项新兴制度，"社会法官"制度同样存在着一系列问题，正如前文所述，其组织机构、组织性质、人员选任、工作方法、指导单位等与人民调解并无明显区别或存在很大的交集，是否应根据《人民调解法》第34条规定，将之纳入人民调解组织体系。此外，其在具体运作中所产生的包括"社会法官"人员选任、培训、考核、经费等一系列相关问题仍有待相关部门进一步研究推进。

结　语

　　作为我国本土的纠纷解决方式，人民调解制度有着深厚的历史渊源。"必也使无诉"的传统观念从孔子到明、清并无大的改变，在中国传统的国家官僚统治与乡村自治分立所带来的法秩序二元构造背景下，生活在乡土社会的人们习惯于选择乡里、宗族、邻里调解等作为纠纷解决的主要方式。但贯穿于调解过程的是族长、保甲长、州县官吏，具有人的强制性的意志，而不是双方当事人的合意。

　　与传统调解不同，作为一项具有中国特色的社会主义法律制度，人民调解是一种群众自治的纠纷解决机制，纠纷的解决是这一制度的首要功能。无论是对于这一纠纷解决方式的启动还是作为纠纷解决结果的调解协议的达成，合意的获得都是人民调解的核心，这与人民调解制度的性质密切相关。除此之外，人民调解还具有程序便利、情节重视以及依靠社会力量化解纠纷等优势，契合着这一制度对合意的追求。从第一次国内革命战争到建国初期，人民调解从初创到确立得到了制度的认可，并成为解决社会纠纷的主要方式。改革开放以来，人民调解制度获得了新的发展。新类型调解组织和调解方式的出现，人民调解的范围也从传统的家庭邻里纠纷扩展到民事违法行为所引起的纠纷、违反社会公共道德引起的纠纷、轻微刑事违法行为引起的纠纷以及农村土地承包调整、城市拆迁等针对特殊环境下的因素变化所引起的纠纷等更为宽泛的领域。实践中的人民调解也探索了多种不同的改革模式，其中不乏制度层面的认可和推广。

然而不可否认的是自90年代以来，社会的变迁使人民调解的功能出现了弱化，人民调解无论从组织的数量还是所调解纠纷的数量都出现了大幅的下滑。究其原因既有社会转型所带来的经济结构、政治体制以及社会结构和人们社会观念的变化，也有人民调解制度在组织形式、调解协议的效力以及调解范围不够明确等方面自身所存在的问题。然而这并不意味着人民调解制度失去了它应有的价值，这一制度所调解的纠纷数量依然可观，并且在多元化纠纷解决机制的构建中人民调解仍应被视为诉讼外可供选择的最主要的纠纷解决方式。

为建立多元化的纠纷解决机制、体现当事人的意思自治以弥补现代诉讼制度的不足，有必要对人民调解制度进行完善，如何在合意和权威的树立之间保持平衡是改革所面临的核心问题。面对功能的弱化，各地在改革中尝试完善人民调解制度，主要有两种路径，即法律性方案和行政性方案。这两种方案都在制度的层面获得了不同程度的认可，在实践中得以推行都取得了实际的社会效果。行政性方案带来的更多的是调解过程中的直接强制，而法律性方案的强制则隐藏于调解过程的终局中。但行政性方案对于调解资源的整合有着积极的意义，为实现人民调解、行政调解和司法调解的有效衔接提供可行的方案。

人民调解是一项在实践中产生和发展的纠纷解决制度，需要对其具体的制度进行改进是对人民调解的完善题中应有之意，然而从相对宏观的角度对人民调解的一些基本理念的丰富也是必不可少的。就总体设想而言，对于人民调解的组织网络可通过人民调解协会对人民调解员、人民调解委员会以及人民调解工作进行指导和监督，这一方面可以防止人民调解的行政化倾向，另一方面也在突破人民调解委员会地域限制的同时最大限度地保留了人民调解的自治性；面对城乡二元结构的现实可以尝试设计人民调解在城市与农村的不同发展路径以契合人们的解纷需求；从制度设计上实现由国家调解到社会调解、精英调解到职业调解的转变。而对于人民调解具体制度的完善，可通过对人民调解范围的拓展把纠纷解决的选择权留给当事人，并且进一步提高人民调解协议的效力。

附录

中华人民共和国人民调解法

（2010 年 8 月 28 日第十一届全国人民代表大会常务委员会第十六次会议通过，2011 年 1 月 1 日起施行）

第一章　总　则

第一条　为了完善人民调解制度，规范人民调解活动，及时解决民间纠纷，维护社会和谐稳定，根据宪法，制定本法。

第二条　本法所称人民调解，是指人民调解委员会通过说服、疏导等方法，促使当事人在平等协商基础上自愿达成调解协议，解决民间纠纷的活动。

第三条　人民调解委员会调解民间纠纷，应当遵循下列原则：

（一）在当事人自愿、平等的基础上进行调解；

（二）不违背法律、法规和国家政策；

（三）尊重当事人的权利，不得因调解而阻止当事人依法通过仲裁、行政、司法等途径维护自己的权利。

第四条　人民调解委员会调解民间纠纷，不收取任何费用。

第五条　国务院司法行政部门负责指导全国的人民调解工作，县级以上地方人民政府司法行政部门负责指导本行政区域的人民调解工作。基层人民法院对人民调解委员会调解民间纠纷进行业务指导。

第六条 国家鼓励和支持人民调解工作。县级以上地方人民政府对人民调解工作所需经费应当给予必要的支持和保障，对有突出贡献的人民调解委员会和人民调解员按照国家规定给予表彰奖励。

第二章 人民调解委员会

第七条 人民调解委员会是依法设立的调解民间纠纷的群众性组织。

第八条 村民委员会、居民委员会设立人民调解委员会。企业事业单位根据需要设立人民调解委员会。

人民调解委员会由委员三至九人组成，设主任一人，必要时，可以设副主任若干人。

人民调解委员会应当有妇女成员，多民族居住的地区应当有人数较少民族的成员。

第九条 村民委员会、居民委员会的人民调解委员会委员由村民会议或者村民代表会议、居民会议推选产生；企业事业单位设立的人民调解委员会委员由职工大会、职工代表大会或者工会组织推选产生。

人民调解委员会委员每届任期三年，可以连选连任。

第十条 县级人民政府司法行政部门应当对本行政区域内人民调解委员会的设立情况进行统计，并且将人民调解委员会以及人员组成和调整情况及时通报所在地基层人民法院。

第十一条 人民调解委员会应当建立健全各项调解工作制度，听取群众意见，接受群众监督。

第十二条　村民委员会、居民委员会和企业事业单位应当为人民调解委员会开展工作提供办公条件和必要的工作经费。

第三章　人民调解员

第十三条　人民调解员由人民调解委员会委员和人民调解委员会聘任的人员担任。

第十四条　人民调解员应当由公道正派、热心人民调解工作，并具有一定文化水平、政策水平和法律知识的成年公民担任。

县级人民政府司法行政部门应当定期对人民调解员进行业务培训。

第十五条　人民调解员在调解工作中有下列行为之一的，由其所在的人民调解委员会给予批评教育、责令改正，情节严重的，由推选或者聘任单位予以罢免或者解聘：

（一）偏袒一方当事人的；

（二）侮辱当事人的；

（三）索取、收受财物或者牟取其他不正当利益的；

（四）泄露当事人的个人隐私、商业秘密的。

第十六条　人民调解员从事调解工作，应当给予适当的误工补贴；因从事调解工作致伤致残，生活发生困难的，当地人民政府应当提供必要的医疗、生活救助；在人民调解工作岗位上牺牲的人民调解员，其配偶、子女按照国家规定享受抚恤和优待。

第四章　调解程序

第十七条　当事人可以向人民调解委员会申请调解；人民调解

委员会也可以主动调解。当事人一方明确拒绝调解的，不得调解。

第十八条 基层人民法院、公安机关对适宜通过人民调解方式解决的纠纷，可以在受理前告知当事人向人民调解委员会申请调解。

第十九条 人民调解委员会根据调解纠纷的需要，可以指定一名或者数名人民调解员进行调解，也可以由当事人选择一名或者数名人民调解员进行调解。

第二十条 人民调解员根据调解纠纷的需要，在征得当事人的同意后，可以邀请当事人的亲属、邻里、同事等参与调解，也可以邀请具有专门知识、特定经验的人员或者有关社会组织的人员参与调解。

人民调解委员会支持当地公道正派、热心调解、群众认可的社会人士参与调解。

第二十一条 人民调解员调解民间纠纷，应当坚持原则，明法析理，主持公道。

调解民间纠纷，应当及时、就地进行，防止矛盾激化。

第二十二条 人民调解员根据纠纷的不同情况，可以采取多种方式调解民间纠纷，充分听取当事人的陈述，讲解有关法律、法规和国家政策，耐心疏导，在当事人平等协商、互谅互让的基础上提出纠纷解决方案，帮助当事人自愿达成调解协议。

第二十三条 当事人在人民调解活动中享有下列权利：

（一）选择或者接受人民调解员；

（二）接受调解、拒绝调解或者要求终止调解；

（三）要求调解公开进行或者不公开进行；

（四）自主表达意愿、自愿达成调解协议。

第二十四条 当事人在人民调解活动中履行下列义务：

（一）如实陈述纠纷事实；

（二）遵守调解现场秩序，尊重人民调解员；

（三）尊重对方当事人行使权利。

第二十五条　人民调解员在调解纠纷过程中，发现纠纷有可能激化的，应当采取有针对性的预防措施；对有可能引起治安案件、刑事案件的纠纷，应当及时向当地公安机关或者其他有关部门报告。

第二十六条　人民调解员调解纠纷，调解不成的，应当终止调解，并依据有关法律、法规的规定，告知当事人可以依法通过仲裁、行政、司法等途径维护自己的权利。

第二十七条　人民调解员应当记录调解情况。人民调解委员会应当建立调解工作档案，将调解登记、调解工作记录、调解协议书等材料立卷归档。

第五章　调解协议

第二十八条　经人民调解委员会调解达成调解协议的，可以制作调解协议书。当事人认为无需制作调解协议书的，可以采取口头协议方式，人民调解员应当记录协议内容。

第二十九条　调解协议书可以载明下列事项：

（一）当事人的基本情况；

（二）纠纷的主要事实、争议事项以及各方当事人的责任；

（三）当事人达成调解协议的内容，履行的方式、期限。

调解协议书自各方当事人签名、盖章或者按指印，人民调解员签名并加盖人民调解委员会印章之日起生效。调解协议书由当事人各执一份，人民调解委员会留存一份。

第三十条 口头调解协议自各方当事人达成协议之日起生效。

第三十一条 经人民调解委员会调解达成的调解协议，具有法律约束力，当事人应当按照约定履行。

人民调解委员会应当对调解协议的履行情况进行监督，督促当事人履行约定的义务。

第三十二条 经人民调解委员会调解达成调解协议后，当事人之间就调解协议的履行或者调解协议的内容发生争议的，一方当事人可以向人民法院提起诉讼。

第三十三条 经人民调解委员会调解达成调解协议后，双方当事人认为有必要的，可以自调解协议生效之日起三十日内共同向人民法院申请司法确认，人民法院应当及时对调解协议进行审查，依法确认调解协议的效力。

人民法院依法确认调解协议有效，一方当事人拒绝履行或者未全部履行的，对方当事人可以向人民法院申请强制执行。

人民法院依法确认调解协议无效的，当事人可以通过人民调解方式变更原调解协议或者达成新的调解协议，也可以向人民法院提起诉讼。

第六章 附 则

第三十四条 乡镇、街道以及社会团体或者其他组织根据需要可以参照本法有关规定设立人民调解委员会，调解民间纠纷。

第三十五条 本法自 2011 年 1 月 1 日起施行。

参考文献

一、著作类

1. 《简明不列颠百科全书》（第 7 卷），中国大百科全书出版社 1986 年版。

2. ［美］伦斯特洛姆著，贺卫方等译：《美国法律辞典》，中国政法大学出版社 1998 年版。

3. ［美］戈尔丁著，齐海滨译：《法律哲学》三联书店 1987 年版。

4. 梁德超：《人民调解学》，山东人民出版社 1999 年版。

5. 王红梅：《新编人民调解工作技巧》，中国政法大学出版社 2006 年版。

6. 刘江：《人民调解法治新论》，中国政法大学出版社 2009 年版。

7. 范愉、李浩：《纠纷解决——理论、制度与技能》，清华大学出版社 2010 年版。

8. 高洪宾：《民事调解的理论与实务研究》，人民法院出版社 2006 年版。

9. 中华全国人民调解员协会编：《人民调解员实用工作手册》，法律出版社 2010 年版。

10. 田芳:《地方自治法律制度研究》,法律出版社2008年版。

11. 于海:《西方社会思想史》,复旦大学出版社2005年版。

12. [法]迪尔凯姆著,胡伟译:《社会学方法的规则》,华夏出版社1999年版。

13. 范愉:《非诉讼程序(ADR)教程》,中国人民大学出版社2002年版。

14. 范愉:《纠纷解决的理论和实践》,清华大学出版社2007年版。

15. 范愉:《非诉讼纠纷解决机制》,中国人民大学出版社2000年版。

16. [日]棚濑孝雄著,王亚新译:《纠纷的解决与审判制度》,中国政法大学出版社2004年版。

17. [英]科特维尔著,潘大松译:《法律社会学导论》,华夏出版社1989年版。

18. 徐昕:《论私力救济》,中国政法大学出版社2005年版。

19. [英]施米托夫著,赵秀文译:《国际贸易法文选》,中国大百科全书出版社1993年版。

20. 江伟:《民事诉讼法》(第3版),高等教育出版社2007年版。

21. 崔卓兰:《行政法学》,吉林大学出版社1998年版。

22. 梁凤荣:《中国传统民法理念与规范》,郑州大学出版社2003年版。

23. 《牧会书》。

24. 《清史稿·陆陇其传》。

25. [美]吉尔伯特·罗兹曼编,国家社会科学基金"比较现代化"课题组译:《中国的现代化》,江苏人民出版社1995年版。

26. 《马克思恩格斯全集》(第13卷),人民出版社1965年版。

27. 春杨:《晚清乡土社会民事纠纷调解制度研究》,北京大学出版社 2009 年版。

28. 钱穆：《中国文化史导论》，商务印书馆 1994 年版。

29. ［日］滋贺秀三等著，王亚新等译：《明清时期的民事审判与民间契约》，法律出版社 1998 年版。

30. 费孝通：《乡土中国生育制度》，北京大学出版社 1998 年版。

31. 梁治平：《波斯人信札》，中国法制出版社 2000 年版。

32. 张中秋：《中西法律文化比较研究》，南京大学出版社 1999 年版。

33.《名公书判清明集》，中华书局 1987 年版。

34. 梁德超：《人民调解学》，山东人民出版社 1999 年版。

35. 顾培东:《社会冲突与诉讼机制》，法律出版社 2004 年版。

36. ［美］科塞著，孙立平等译：《社会冲突的功能》，华夏出版社 1988 年版。

37. ［日］棚濑孝雄著，王亚新译：《纠纷的解决与审判制度》，中国政法大学出版社 2004 年版。

38. ［美］迈克尔·D. 贝勒斯著，张文显等译：《法律的原则——一个规范的分析》，中国大百科全书出版社 1996 年版。

39. 李刚：《人民调解概论》，中国检察出版社 2004 年版。

40. ［日］兼子一、竹下守夫：《民事诉讼法》，白绿铉译，法律出版社 1995 年版。

41. ［美］彼得·G. 伦斯特洛姆著，贺卫方等译：《美国法律大辞典》，中国政法大学出版社 1998 年版。

42. 徐昕：《英国民事诉讼与民事司法改革》，中国政法大学出版社 2002 年版。

43. 齐树洁：《英国民事司法改革》，北京大学出版社 2004 年版。

44. 朱景文：《比较法导论》，中国检察出版社 1992 年版。

45. 沈达明：《比较民事诉讼法初论》，中国法制出版社2002年版。

46. ［日］小岛武司、伊藤真主著，丁婕译：《诉讼外纠纷解决法》，中国政法大学出版社2005年版。

47. 德国贝克出版社著，谢怀栻译：《德意志联邦共和国民事诉讼法》，中国法制出版社2001年版。

48. ［日］中村英郎：《新民事诉讼法讲义》，陈刚等译，法律出版社2001年版。

49. ［日］三月章著，汪一凡译：《日本民事诉讼法》，台湾五南图书出版公司1997年版。

50. ［日］中村英朗著，陈刚、林剑锋、郭美松译：《新民事诉讼法讲义》，法律出版社2001年版。

51. 何兵：《现代社会的纠纷解决》，法律出版社2003年版。

52. 范愉：《ADR原理与实务》，厦门大学出版社2002年版。

53. 封丽霞：《中央与地方立法关系法治化研究》，北京大学出版社2008年版。

54. 封丽霞：《政党、国家与法治——改革开放30年中国法治发展透视》，人民出版社2008年版。

55. 郑杭生：《转型中的中国社会和中国社会的转型》，首都师范大学出版社1996年版。

56. 刘祖云：《社会转型解读》，武汉大学出版社2005年版。

57. 徐国栋：《民法基本原理解释：成文法局限之克服》，中国政法大学出版社1996年版。

58. 刘云耕：《矛盾与化解——基层人们调解制度及其改进的研究》，中国社会出版社2003年版。

59. ［美］唐纳德·J. 布莱克著，唐越、苏力译：《法律的运作行为》，中国政法大学出版社2004年版。

60. 刘江江：《人民调解法治新论》，中国政法大学出版社 2009 年版。

61. 李刚：《人民调解概论》，中国检察出版社 2004 年版。

62. 陆春萍：《转型期人民调解机制社会化运作》，中国社会科学出版社 2010 年版。

63. 范愉、史长青、邱星美：《调解制度与调解人行为规范——比较与借鉴》，清华大学出版社 2010 年版。

64. 刘云耕：《矛盾与化解——基层人们调解制度及其改进的研究》，中国社会出版社 2003 年版。

65. ［美］博登海默著，邓正来译：《法理学——法哲学及其方法》，中国政法大学出版社 1999 年版。

66. 卓泽渊：《法的价值论》，法律出版社 2006 年版。

67. 季卫东："调解制度的法律发展机制——从中国法制化的矛盾情境谈起"，转引自强世功：《调解、法制与现代性：中国调解制度研究》，中国法制出版社 2005 年版。

68. ［日］棚濑孝雄著，王亚新译：《纠纷的解决与审判制度》，中国政法大学出版社 2004 年版。

69. ［日］大须贺明著，林浩译：《生存权论》，法律出版社 2001 年版。

70. 尹力：《中国调解机制研究》，知识产权出版社 2009 年版。

71. 吴志明：《大调解——应对社会矛盾凸显的东方经验》，法律出版社 2010 年版。

二、论文类

1. 夏杰："人民调解制度研究"，河北大学 2010 年硕士学位论文。

2. 李莉："论人民调解制度的发展与完善"，中国政法大学 2006 年硕士学位论文。

3. 佟季："新中国成立60年人民法院诉讼调解情况分析——马锡五审判方式在我国的当代司法价值"，载《人民司法·应用》2010年第7期。

4. 韦林静："我国法院调解制度之法律思考"，载《法制与社会》2010年第6期。

5. 马佳："论我国行政处理民事纠纷机制的完善"，载《湖北行政学院学报》2007年第1期。

6. 曾宪义："关于中国传统调解制度的若干问题研究"，载《中国法学》2009年第4期。

7. 梁凤荣："论我国古代传统的司法调解制度"，载《河南大学学报》2001年第4期。

8. 李银河："论村落文化"，载《中国社会科学》1993年第5期。

9. ［美］罗伯特·F.尤特著，周红译："中国法律纠纷的解决"，载《中外法学》1990年第2期。

10. 潘度文："我国民事诉讼调解制度的历史发展及社会基础"，载《中国青年政治学院学报》2003年第1期。

11. 郭玉军、甘勇："美国选择性争议解决方式（ADR）介评"，载《中国法学》2000年第5期。

12. 王静："替代性纠纷解决方式（ADR）的当代发展"，载《农业与技术》2002年第6期。

13. 龙跃牛："构建中国特色的司法ADR"，载《湖北经济学院学报》2004年第4期。

14. 岑雅衍、金一波："ADR的法律探析"，载《宁波人学学报》1995年第3期。

15. ［美］歇沃尔兹著，李启欣译："美国民商事争端之选择性争端解决方式评介"，载《现代法学》1997 年第 3 期。

16. 罗先明："大调解机制在四川"，载《长安》2009 年第 11 期。

17. 范愉："当代中国非诉讼纠纷解决机制的完善与发展"，载《学海》2003 年第 1 期。

18. 贾连杰、陈攀："从美国的 ADR 看我国诉讼调解的困境与出路"，载《河南省政法管理干部学报》2000 年第 1 期。

19. ［美］克丽斯蒂娜·沃波鲁格："替代诉讼的纠纷解决方式（ADR）"，载《河北法学》1998 年第 1 期。

20. 章武生："司法 ADR 之研究"，载《中国法学》2006 年第 5 期。

21. 王菠："国外替代性纠纷解决机制的发展对我国的启示"，载《世纪桥》2010 年第 1 期。

22. 乔钢梁："美国法院的调解和仲裁制度"，载《政法论坛》1995 年第 3 期。

23. 蒋颖："域外民间调解制度对我国的若干启示"，载《北京化工大学学报》2004 年第 2 期。

24. 宗玲："论人民调解现状、问题和发展趋势"，载《前沿》2009 年 4 期。

25. 毋爱斌："对我国各地人民调解模式的考察"，载《法治论坛》2009 年第 2 期。

26. 王正力："四川广安建立市县级人民调解委员会联合会的探索"，载《法治论坛》2009 年第 2 期。

27. 孙立平："社会转型：发展社会学的新议题"，载《社会学研究》2005 年第 1 期。

28. 张友渔："谈谈人民调解工作的几个问题"，载《法学研究》1987 年第 1 期。

29. 李年终："论人民调解制度的完善——以'诉调对接'为视

角"，载《时代法学》2007 年第 5 期。

30. 魏仲杰："我国人民调解制度研究"，山东大学 2005 年硕士学位论文。

31. 曾建明、黄伟明："回顾与展望——论完善我国的人民调解制度"，载《中国政法管理干部学院学报》2000 年第 1 期。

32. 徐剑锋："人民调解协议不等于合同"，载《上海大学法学院上海市政法管理干部学院学报》2001 年第 2 期。

33. 孙士祯："论人民调解协议核准制度"，载《中国司法》1999 第 1 期。

34. 查名祥："加强人民调解协议法律效力"，载《庆师范学院学报》（社会科学版）1999 年第 6 期。

35. 郑耀抚："调解制度的新发展——关于试行人民调解协议公证制的报告"，载《中国司法》2000 年第 11 期。

36. 张帆："人民调解法的特点和修改建议"，载《求实》2010 年 11 期。

37. 张衡："人民调解制度研究"，复旦大学 2011 年硕士学位论文。

38. 范愉："中华人民共和国人民调解法评析"，载《法学家》2011 年第 2 期。

39. 张俊德："调解制度及其完善"，吉林大学 2009 年硕士学位论文。

40. 李琦："冲突解决的理想性状和目标——对司法正义的一种理解"，载《法律科学》2005 年第 1 期。

41. 曲崇明："调解制度在农村的价值回归与完善重构"，载《广东行政学院学报》2008 年第 3 期。

42. 王利云："人民调解的重构"，中国政法大学 2005 年硕士学位论文。

43. 董小红、高宏贵："论人民调解制度的重构——基于人民内部矛盾变化的视角"，载《社会主义研究》2010 年第 1 期。

44. 王福华："中国调解体制转型的若干维度"，载《法学论坛》2010 年第 6 期。

45. 狄小华："中国传统调解制度的现代转型"，载《东南大学学报》（哲学社会科学版）2008 年第 6 期。

46. 刘建会："人民调解专业化建设研究及探索"，载《人民调解》2010 年第 8 期。

47. 李娜："论人民调解制度的完善——以'人民调解法'为分析重点"，湘潭大学 2011 硕士学位论文。

48. 吴莹："人民调解协议性质和效力之理论冲突与实践困境"，载《社科纵横》2008 年第 11 期。

49. 高翔："人民调解机制的现状调查与制度改进"，载《西南政法大学学报》2008 年第 1 期。

50. 徐昕："完善人民调解制度与构建和谐社会"，载《中国司法》2006 年第 2 期。

51. 孙立平："对社会二元结构的新认识"，载《学习月刊》2007 年第 1 期。

52. 范愉："社会转型中的人民调解制度——以上海市长宁区人民调解组织改革的经验为视点"，载《中国司法》2004 年第 10 期。

53. 朱眉华："政府购买服务——项社会福利制度的创新"，载《社工研究》2004 年第 8 期。

54. 张秀兰、徐月宾："我国社会福利社会化的目标及途径探讨"，载《江苏社会科学》2006 年第 2 期。

后 记

　　本书的研究始于 2010 年，由于作者学识所限，书中谬误、遗漏在所难免，加之一些未曾预料的原因，提前结束了这项研究，这更增加了书中的缺陷和错误。当然，对于该项问题的研究，作者始终抱以虔敬的态度。

　　本书的出版承蒙中共甘肃省委党校科研处的大力支持；责任编辑彭江老师不辞辛劳，对书稿予以认真细致的编审。作者在此谨致诚挚的谢意。

　　本书作者的写作分工如下：中共甘肃省党校法学教研部彭芙蓉老师收集资料、规划提纲并完成统稿，撰写本书第一章至第三章的内容；中共甘肃省党校法学教研部冯学智老师撰写了第四章至第七章的内容。

作　者

2012 年 12 月